アウトプット重視の英語授業

伊東治己 編著

教育出版

はしがき

　ここ数年，文部科学省から英語教育改善にむけての様々な施策が発表され，実施に移されてきました。平成14年7月には「「英語が使える日本人」の育成のための戦略構想」が発表され，平成15年3月にはそのための「行動計画」も発表されました。この施策の一環として，小学校への英語学習の導入やSuper English Language High School事業が強力に推し進められました。ただ，裏を返せば，莫大な教育投資にも拘わらず，学校英語教育では「英語が使える人材」が十分に育っていないという危機感を文部科学省が抱いているとも言えます。英語力の国際指標となっているTOEFLでも日本人受験者の成績は芳しくありません。私自身，長年大学生に一般英語を教えていますが，昨今の急速な国際化の進展にも拘わらず，彼らの英語力が以前と比べて伸びているとは言いがたい状況にあります。学生自身の学校英語教育に対する評価もはなはだ芳しくありません。毎年新入生に対して実施している英語学習アンケート調査でも，「英語の知識は国際化にとって重要である」と答えた学生の割合は94％に達していますが，「自分が受けた中学・高校での英語教育に満足している」学生は29％，「高校までの英語教育で身につけた自分の英語力に満足している」学生は9％，「日本の学校英語教育は英語コミュニケーション能力を育成することに成功している」と答えた学生はわずか3％となっています。

　日本人英語学習者に見られる英語運用能力の不足と英語学習へのネガティブな態度の要因としては，学校での英語教育が受け身的な学習に終始しており，学習者から発せられるべき英語でのアウトプットが極めて少ないことが大きく影響しているのではないかと考えています。実際，仕事柄，年間かなりの数の授業を観察しますが，音読練習以外は一言も英語を発しなかった生徒を見かけることは珍しくありません。もちろん安易な一般化は禁物ですが，今の学校英語教育では自分の考えを伝えるための英語アウトプットが少なすぎるのではないでしょうか。あまりに短絡的すぎるとお叱りを受けそうですが，現在の学校英語教育を改善するための1つの有効な手段は，生徒から発せられるアウトプットの量を増やすことだと考えています。英語が使えるようになるためには，使えるための理論も必要かもしれませんが，やはり教室で使う機会を格段に増やすことが必要だと思います。「使うために学ぶ」から「使いながら学ぶ」へのパラダイムシフトが今求められています。

　ただ，このパラダイムシフトは1980年度以降，全世界に普及していったCommunicative Language Teaching (CLT) によってすでに実現されていると

いう考え方もあるかもしれません。そうとも言えるでしょう。ただ，CLT の普及の中で私たちは What to communicate や How to communicate には随分心を砕いてきましたが，How much to communicate にはあまり注意を払ってこなかったように思います。クラッシェン（S.Krashen）のインプット仮説の影響も受けて，研究者や現場教師の関心がインプットやインテイクに向いていたようにも思えます。英語学習も「使ってなんぼ」の世界。コミュニケーションの質も大切ですが，コミュニケーションの量にもこれまで以上にこだわる必要性を痛感しています。

　本書は，この考えに賛同した5名の現職教員とのコラボレーションの産物です。そのはじまりは平成18年9月に関西地区のある高等学校で行った講演「英語学習におけるアウトプットの重要性―スピーキングの指導を中心に―」に求めることができます。講演の後の懇談会で意気投合し，本書の計画が持ち上がりました。以来，定期的に研究会を開催し，それぞれの問題意識を共有する中で，本書がいよいよ日の目を見ることになりました。

　本書では，第1章の問題提起につづき，音読，Q&A，教材の加工，文型練習，口頭英作文，条件英作文，会話作文，構造マップの活用，Show & Tell，プレゼンテーション，チャッティング，ミニディベート，プロジェクト学習に至るまで，授業でアウトプットを増やすための広範囲な活動が取り上げられています。アウトプットにおける自由度が徐々に高まる並びになっていますが，決して，直線的な並びではありません。担当されているクラスの実情を勘案して，導入しやすいと思われる活動から読み始めてください。具体例も，中学校と高等学校での実践を中心にふんだんに取り入れました。ただ，小学校での実践例は含まれていません。しかし，発想自体は小学校英語においても，十分活かされるものと信じています。

　執筆者われわれ6名は，ごく普通の英語教師です。「達人」や「鉄人」と呼ばれるような派手さはありません。でも，英語教育に対する情熱は「達人」や「鉄人」と呼ばれる方々にもひけを取らないと自負しています。その情熱の一端が，本書を通じて読者の方々に伝われば本望です。

　本書の企画に際しては教育出版（当時）の平林公一氏，編集作業では日本教材システム編集部にご尽力を頂きました。心からの謝意を表したいと思います。

平成20年11月
編者　伊東治己

もくじ

第1章 なぜ今アウトプット重視なのか ―――― 1
1 学校英語教育の今日的課題　1
2 英語力改善の切り札としてのアウトプット重視　7
3 日本人英語学習者にとってのアウトプットの意義　10

第2章 自己表現につながる音読指導 ―――― 15
1 指導の背景：音読の意義　15
　（1）文レベルでの発音練習が可能　16
　（2）リーディングやリスニングに必要な直線的英文理解能力を育てる　17
　（3）スピーキングへの基礎固めが可能　18
2 指導の実際　19
　（1）音読のバリエーションを増やす　19
　（2）音読を加工する　22
　（3）創造的音読のすすめ　27
3 まとめ　31

第3章 創造的 Q&A のすすめ ―――― 33
1 指導の背景　33
　（1）なぜ発問か：発問の存在意義　33
　（2）発問の種類　33
2 指導の実際　36
　（1）伝統的 Q&A から一歩進んだ創造的 Q&A へ　36
　（2）自己投影型 Q&A―傍観者から当事者へ―　41
　（3）主体的 Q&A―回答者から質問者へ―　42
　（4）生徒間での主体的 Q&A　44
3 まとめ　46

第4章 教科書教材の加工と活用 ―――― 51
1 指導の背景　51
　（1）教科書の重要性　51
　（2）教科書編集プロセスを参考に加工を考える　53
2 指導の実際　54
　（1）対話文を物語文に変換　54
　（2）物語文を対話文に変換　56
　（3）学習者に選択権を与える　60

（4）　教材の拡張を図る　61
　（5）　挿絵・写真を活用する　66
3　まとめ　67

第5章　日本語母語話者の英文表出プロセスを踏襲した文型練習 ——69
1　指導の背景　69
　（1）　なぜ今文型練習なのか　69
　（2）　これまでの文型指導の問題点　71
　（3）　中間日本語の利用　72
2　指導の実際　74
　（1）　ステップ1：チャンクに慣れて中間日本語を作る　74
　（2）　ステップ2：中間日本語を英語に置き換える　77
　（3）　ステップ3：改良型パターン・プラクティスで自動化を促進する　79
3　まとめ　83

第6章　口頭英作文のすすめ ——85
1　指導の背景　85
　（1）　口頭英作文とは　85
　（2）　口頭英作文の意義　86
　（3）　授業で行う口頭英作文の種類　88
2　指導の実際　89
　（1）　意識的なパターン・プラクティスを利用した口頭英作文　89
　（2）　日本語をキューにした口頭英作文　91
　（3）　絵や写真を使った口頭英作文　93
　（4）　オープン・エンド形式によるパターン・プラクティス　96
3　まとめ　99

第7章　コミュニケーションにつなげる条件英作文 ——103
1　指導の背景　103
　（1）　海外におけるライティング指導の流れ　103
　（2）　日本の学校教育におけるライティング指導　104
　（3）　なぜ条件英作文か　104
2　指導の実際　105
　（1）　プラス1の要素を組み込む　106
　（2）　使う単語のリストを与える　109
　（3）　コンテクストを与える　110
　（4）　素材を与える　115
3　まとめ　118

第 8 章　英作文から会話作文へ ――――――――― 121

1　指導の背景　121
（1）　会話作文とは　121
（2）　会話作文の意義　122

2　指導の実際　125
（1）　空所補充から会話作文へ　125
（2）　Q&A から会話作文へ　128
（3）　本文の要約から会話作文へ　132

3　まとめ　135

第 9 章　構造マップを使った指導 ――――――――― 139

1　指導の背景　139
（1）　なぜ構造マップか　139
（2）　多様な構造マップと種類　140

2　指導の実際　143
（1）　準備段階としての構造マップ指導　143
（2）　サマリー・ライティング，口頭サマリーとしての構造マップ　146
（3）　自由英作文での活用　147
（4）　スピーチでの構造マップの活用　151

3　まとめ　153

第 10 章　Show&Tell からプレゼンテーションへ ――――― 155

1　指導の背景　155
（1）　スピーチ活動の意義　155
（2）　スピーチなどの言語活動が行われない理由　156
（3）　Show&Tell とプレゼンテーションの利点　157

2　指導の実際　158
（1）　Show&Tell　158
（2）　プレゼンテーション　164

3　まとめ　170

第 11 章　チャッティングからミニディベートへ ――――― 173

1　指導の背景　173
（1）　チャッティング，ミニディベートとは　173
（2）　チャッティング，ミニディベートの利点　174

2　指導の実際　177
（1）　チャッティンク　177
（2）　ミニディベート　180

3　まとめ　187

第12章　プロジェクト学習 ─────────────── 189
　1　指導の背景　189
　　（1）なぜ今プロジェクト学習か　189
　　（2）プロジェクト学習の特徴　190
　　（3）プロジェクト学習の手順　191
　　（4）最終プロダクトと評価について　191
　2　指導の実際　192
　　（1）情報発信に焦点をあてたプロジェクト学習―「ビデオレター」制作　192
　　（2）地域に密着したプロジェクト学習―観光ボランティア　194
　　（3）「総合的な学習の時間」と連携したプロジェクト学習―ワークショップ
　　　　「世界がもし100人の村だったら」　197
　　（4）レポート作成型プロジェクト学習―オーストラリア留学体験記　200
　3　まとめ　203

終章　まとめと今後の課題 ─────────────── 207
　1　発信型英語教育の再確認　207
　2　指導と評価の一体化　209
　3　アクション・リサーチの推進　212

参考文献　215

第 1 章

なぜ今アウトプット重視なのか

1　学校英語教育の今日的課題

　今日，わが国の子どもたちの学力低下の問題がマスコミを賑わしています。学力低下論の端緒は，すでに文部省（現在は文部科学省）がゆとり教育を導入した時点に認められますが，「分数ができない大学生」の存在が明らかにされることによって（西村2001a；西村，2001b），さらに一段と大きなうねりになったように思えます。ただ，文部省としては，「ゆとり教育」を推進してきた手前，たとえそれが事実だとしても学力低下の議論を黙殺してきた感があります。しかし，学力低下論を巡る情勢は，経済協力開発機構（OECD）が実施した国際学習到達度調査（PISA）の第2回目の結果が平成16（2004）年12月に発表されてから急変しました[1]。日本からの参加者の成績は，参加47か国・地域の中で数学リテラシー（6位），科学的リテラシー（2位），問題解決能力（4位）の3分野ではトップ10の中に含まれていますが，読解リテラシーは14位でした。第1回目（2000年）の調査では，数学的リテラシーが1位，科学的リテラシーが2位，読解リテラシーが8位（問題解決能力は2003年度のみ）で，それと比較すると数学的リテラシーと読解リテラシー，その中でも特に読解リテラシーでの落ち込みが顕著でした。この結果を受けて，当時の文部科学省も「世界トップレベルとは言えない」とコメントせざるをえなかったようです。時を同じくして発表された第3回国際数学・理科教育調査においても[2]，日本の子どもたちの学力順位が下降線をたどっていることが明らかになりました。

　この結果を受けて，さすがの文部科学省も懸念を示すようになり，義務教育の段階での国語教育と算数・数学教育をもっと重視すべきであるという声が教

育関係者の間で強まるとともに，PISA で世界一となったフィンランドの教育が一躍注目を集めるようになりました。平成 20 年 3 月に告示された学習指導要領改訂にむけての審議のまとめの中でも，明確に「ゆとり教育」の是正方針が打ち出され，主要科目の授業時数が増加される一方で「ゆとり教育」の柱として創設された総合的な学習の時間が削減されることになりました。ほんの数年前に総合的な学習の時間の充実を謳った教育方針が出されていたばかりですが，さすがの文部科学省も学力低下への懸念を黙殺できなかったようです。

この PISA ショックから 3 年後の平成 19 年 12 月には，2006 年度に実施された PISA の結果が公表され，数学的リテラシーと科学的リテラシーでの順位の落ち込みがさらに顕著になってきました。次の表 1 は今回の調査に参加した 57 か国・地域中での上位 15 位までのリストです[3]。

表 1：PISA 2006 の結果（参加 57 か国・地域での順位と得点）

順位	数学的リテラシー		科学的リテラシー		読解リテラシー	
1	台湾	549	フィンランド	563	韓国	556
2	フィンランド	548	香港	542	フィンランド	547
3	香港	547	カナダ	534	香港	536
4	韓国	547	台湾	532	カナダ	527
5	オランダ	531	エストニア	531	ニュージーランド	521
6	スイス	530	日本	531	アイルランド	517
7	カナダ	527	ニュージーランド	530	オーストラリア	513
8	マカオ	525	オーストラリア	527	リヒテンシュタイン	510
9	リヒテンシュタイン	525	オランダ	525	ポーランド	508
10	日本	523	リヒテンシュタイン	522	スウェーデン	507
11	ニュージーランド	522	韓国	522	オランダ	507
12	ベルギー	520	スロベニア	519	ベルギー	501
13	オーストラリア	520	ドイツ	516	エストニア	501
14	エストニア	515	イギリス	515	スイス	499
15	デンマーク	513	チェコ	513	日本	498

もちろん，文部科学省としても前回（2003 年度）の結果を受けて手をこまねいていたわけではありません。それなりの改善策を取ってきたわけですが，2006 年度の結果を受けて，当時の文部大臣からも「素直に残念」という発言が聞かれました。

しかしながら，ここで注意しなければならない点があります。なるほどPISAでは成績が回を追うごとに順位が低下したことは確かですが，学力そのものが下がったどうかは必ずしも定かではありません。むしろ，日本以外の国々が教育に力を入れた結果と考えることもできます。確かに，読解リテラシーの分野では前回の調査から参加した国・地域の中で平均的な順位に下降していますが，数学的リテラシーや科学的リテラシーの分野では，まだまだ世界でもトップレベルとはいえないまでも上位グループに含まれているのも事実です。PISAへの過剰反応はけっして生産的ではありません。数学や理科の分野で日本の子どもたちの学力がまだまだ世界の上位グループに位置していることは紛れもない事実だからです。

英語教育に携わるものの立場からすれば，同じ国際比較という文脈の中ではPISAでの順位の移動よりは，英語学習者の英語力の低迷ぶりにこそ注目すべきと考えられます。PISAでの順位の変動よりもこちらの方がはるかに深刻な問題だと考えられるからです。表2は，特に北米の大学に留学する場合に受験を要求されるTOEFL（120点満点のInternet-Based Tests）の成績を，アジア地区でかつ平均点が公表されている国・地域に限定した上で，国・地域別に比

表2：2005−06年度TOEFL（iBT）アジア地区平均点（各30点計120点満点）

順位	国・地域	受験者数	Reading	Listening	Speaking	Writing	合計
1	シンガポール	144	25	25	24	26	100
2	インド	23,750	22	23	23	23	91
3	マレーシア	920	22	23	20	24	89
4	フィリピン	5,882	20	22	22	21	85
5	パキスタン	2,307	19	21	22	21	83
15	中国	20,450	20	19	18	20	76
20	韓国	31,991	17	19	17	19	72
24	台湾	10,022	16	18	17	19	71
25	ベトナム	2,320	17	17	17	19	71
26	北朝鮮	1,270	16	18	17	18	69
27	モンゴル	438	14	18	17	17	66
28	日本	17,957	15	17	15	17	65
	アジア28か国・地域	129,418	17.8	20.0	19.4	20.1	77
	世界227か国・地域	246,120	19.1	20.5	19.4	20.1	79

較したものです(4)。上位と下位の5か国・地域と，日本とよく比較される中国と韓国の成績を示していますが，日本は，英語教育に割かれている莫大な予算にもかかわらず，アジア28か国・地域の中で最下位という不名誉な位置にランクされています。しかも，四技能のうちリーディング（下から3番目）以外はすべて最下位という状態です。300点満点のComputer-Based Testsでも成績はふるわず，26か国・地域中下から2番目にランクされています。なお，表2はアジア地区に限定したものですが，世界的に見ても日本の受験者の成績は下位に低迷しています。

　TOEFLと同じく，英語能力の国際的指標としての地位を年々確実にしているTOEICでの成績もあまり芳しくありません。次ページの表3は，少しデータは古くなりますが，受験者が500名を超える国・地域の受験者の成績を比較したものです(5)。日本の受験者の成績は，比較の対象となった29か国・地域中26位に位置しています。TOEICへの最近の関心の高まりを考慮するならば，事態は少しは改善している可能性はありますが，大きな順位の変化はないものと思われます。もともとは日本のビジネスマンの英語力を測定する手段として考案されたテストであるだけに，もう少し上位に位置してもよさそうなものですが，これが世界の現実です。特に，従来から日本人学習者は読めるけれども聞けない，話せないといわれてきましたが，TOEICの成績ではListeningの成績がReadingの成績を上回っています。決められた時間内に正確に英文を読みこなす力が必ずしも養成されていない事実が明らかになったわけです。もちろん，視点を変えれば，最近のコミュニケーションを重視した指導で，Listeningの力が伸びたとも考えられますが，ListeningにしろReadingにしろ，国際比較では下位に低迷している事実は変わりません。

　もちろんTOEFLやTOEICの成績だけでその国の英語教育の実力を判断することはできません。受験者数や受験者層の違い，英語がその社会で果たしている役割などを考慮しなければならないことは百も承知です。しかしながら，同じTOEFLの成績比較で，以前は日本より下位に低迷していた中国や韓国が日本よりもはるかに上位にランクされていることは否定できない事実です。受験者数の多さが下位にランクされる理由としてよくあげられますが，延べ人数では韓国の方が多くなっています。韓国の人口は日本の人口の3割強にとどまっていることを考えるならば，実質的に日本の6倍にあたる人々が受験し

表3：2002−03年度TOEIC平均点（受験者が500名以上の国が対象）

順位	国・地域	Listening (495)	Reading (495)	合計 (990)
1	ドイツ	405	346	752
2	フィリピン	391	360	751
3	カナダ	395	339	734
4	ポルトガル	388	330	718
5	レバノン	375	314	689
6	フランス	349	333	682
7	イタリア	342	332	674
23	インドネシア	266	205	471
24	チリ	242	222	464
25	クウェート	290	163	453
26	日本	251	200	451
27	アラブ首長国連合	284	167	451
28	ベトナム	215	231	446
29	サウジアラビア	249	158	407
	全　　　体	317	268	587

ている計算になります。なのに，成績は日本を上回っているのです。もはや，受験者数の多さを下位に低迷している理由として使うことはできません。

　しかし，ここで問題にしているのは，単なる順位ではありません。問題にすべきは，学力的には世界の上位クラスにランクされているにもかかわらず，英語能力の面では世界の下位クラスにランクされているという事実です。その事実から得られる教訓は，一般学力の面で上位クラスにランクづけされている間に，なるべく早く一般学力に見合う英語力を育成すること，これが今日の学校英語教育に課せられた大きな課題であるという認識です。もちろん，外国語としての英語教育である以上，英語力で世界の上位クラスにランクされることは容易ではありませんが，せめて世界の標準レベルまでは引き上げる必要があると思います。

　翻って，PISAでも注目を集めたフィンランドに注目してみましょう。表4は，2005-06年度のTOEFL（iBT）の成績での世界のベスト10を示したものです[6]。すでに紹介したように，フィンランドはPISAの成績で総合世界1位にランクされていますが，実は英語力の指標であるTOEFLでも世界8位にランクされています。しかも，彼らが話す母語であるフィンランド語は，オラン

ダ・デンマーク・オーストリア・ノルウェーなどで母語として話されている言語とは違って，英語とは語族を異にしており，むしろ日本語に近い言語です。にもかかわらず，フィンランドは上位にランクされており，一般学力と英語力の双方において国際競争力を維持している国とみなすことが可能です。アジアでは，第3回数学・理科教育調査で世界1位，TOEFLで世界3位にランクされているシンガポールが同じような位置にあると考えることができます。

表4：2005−06年度 TOEFL（iBT）世界ベスト10（各30点計120点満点）

順位	国・地区	受験者数	Reading	Listening	Reading	Writing	合計
1	オランダ	522	25	27	25	25	102
2	デンマーク	276	24	26	26	25	101
3	シンガポール	144	25	25	24	26	100
4	オーストリア	610	24	26	25	25	99
4	ベルギー	428	25	25	24	24	99
4	南アフリカ	192	23	25	26	24	99
7	ノルウェー	206	23	26	25	24	98
8	フィンランド	278	24	26	23	24	97
8	イギリス	166	23	24	25	24	97
10	スイス	1,074	24	25	23	23	96
10	ドイツ	14,017	23	25	24	24	96
世界227か国・地域		246,120	19.1	20.5	19.4	20.1	79

　国際貿易に依存しなければならない点では，日本はフィンランドやシンガポールと全く同じ状況にあります。英語を通じての国際化が急速に進行している現在，一般学力に見合う英語力の育成こそ，今日の学校英語教育に課せられた緊急の課題となっています。けっして，この問題から目をそらすわけにはいきません。国際貿易は一部のエリートに任せ，全国民が国際化に耐えうる英語力を獲得する必要はないという議論も聞かれますが，機会均等を基軸としてきたわが国の学校教育の根本精神に反する考え方といわざるをえません。PISAの結果に起因するフィンランドとの比較では，とかく国語力の落ち込みが話題となっていますが，ことフィンランドとの比較でいえば，それ以上に英語教育に注目する必要があると思います。われわれ英語教師に課せられた課題は実に大きいといわざるをえません。

2 英語力改善の切り札としてのアウトプット重視

　学力に見合う英語力の育成が学校英語教育に課せられた緊急の課題であることはご理解いただけたと思います。問題はいかにして学習者の英語力を改善していくかです。単純すぎると思われるかもしれませんが，個人的にはアウトプットを増やすことにつきると考えています。日本人英語学習者の英語力がふるわない大きな理由は，学習全体がどちらかといえば受け身的に終始してきたためと考えています。極端な言い方をすれば，英語も「使ってなんぼ」の世界です。主に欧米の外国語教育理論の影響を受け，インプットやインテイクが昨今の英語教育界を賑わしてきましたが，学習者・教育者としての自分自身の経験からしても，基本はやはりアウトプットを増やすことだと信じています。

　アウトプットを増やすべきという提案自体は，けっして目新しいものではありません。早くは戦後の経済成長期において「役に立つ英語」の必要性から，受信型英語教育から発信型英語教育への転換が叫ばれました。この発信型英語教育への転換は，その後のコミュニケーションを重視した英語教育の普及の中でも絶えず叫ばれ続けました。今回の学習指導要領の改訂にしても，発信力が改訂の目玉となっています。これだけ発信力が重視されるということは，裏を返せば日本の英語教育がそれだけ受け身的すぎたことの証でもあります。それにはそれなりの理由も存在します。

　第一の理由は，なんといっても受容技能中心の入学試験に求められると思います。高校入試にしても，大学入試にしても，受験生の多さと採点における公平さの確保という観点から，発表技能を要求する問題は長年，忌避される傾向にあり，現在もさほど変わっていません。大学進学を目指す高校生の大半にとっては，大学入試センター試験の英語のテストで高得点を挙げることが最大の課題です。そのセンター試験で発表技能が求められる問題は強いていえば整序問題程度でしょう。配点の割合からしても全体の6〜7%にすぎません。個別試験で英作文や英語での面接を課す大学もありますが，受験生の数は相対的にごくわずかといえると思います。勢い，教室での指導も家庭での受験勉強も，受容技能，しかもリーディングの技能の習得に重点が置かれることになります。ちなみに，フィンランドでも日本の大学入試センター試験に類する試験（現地では Matriculation　Examinations と呼ばれています）が実施されています

が，その英語の筆記試験では英作文が出題されており，得点の割合は全体の45％にも達しています。フィンランドの大学生の高度な英語力の一因になっていると思われます（伊東他，2007）。

　入学試験の問題構成に加えて，英語授業のクラスサイズも日本の英語教育が受信型に傾いてきた大きな理由になっています。もしクラスに40名も生徒がいれば，たいがい一人の教師が数クラスの授業を担当するので，簡単な英作文を課題に出したとしても，その添削となると莫大な数になります。発信型英語教育への転換を意識している英語教師でも，この種の課題は1学期に一度ぐらいが関の山となります。スピーキングの指導となると，さらに状況は困難になります。指導すれば当然評価しなければなりません，しかし，現在のクラスサイズでスピーキングを評価することはきわめて困難であるといわざるをえません。勢い，指導にも熱が入らなくなるのが世の中の常です。

　以上の二つの理由とも関連していますが，英語学習の基本は英文を正しく文法的に理解することであるという教師の間の根深い信仰も日本の英語教育を発信型へ転換することを妨げてきた要因として挙げることができると思います。学校での英語学習は将来必要になると予測される英語の実際的使用への準備期間であり，その中ではことばの仕組みを正確にマスターすることこそ，つまり英語の文法を正しく理解することこそ最優先課題であるという姿勢です。日本の学校英語教育において長年リーディングが重視されてきた理由もそこに求めることができます。これ自体，けっして間違った考え方とは思いませんが，それだけに終わっていた点がこれまでの学校英語教育の弱点です。最近のコミュニケーション志向はこの文法至上主義を若干是正する方向にありますが，受信から発信への転換というよりも，少ない教材の正確な理解から，多くの教材のおおざっぱな理解への転換に走る傾向も見受けられます。読解指導でいえば，精読から多読や速読への転換です。この転換自体，センター試験への対応という枠組みの中で行われていることが多く，どちらかといえば，対処療法的な対応，付け焼き刃的な対応といえるかもしれません。

　この受容技能優先の教師の意識の背後には，そもそもわが国のように外国語として英語を学んでいるような状況においては，日常生活の中で英語を使う機会が少ないので，発表技能をそれほど指導する必要はないのではという現実を反映した教師の側の意識も存在しているでしょう。日本の学校英語教育を受信

型から発信型へ変換するためには，まずはこの意識から根本的に変革していく必要があります。外で使う機会がないからこそ教室でできる限りのアウトプットをという姿勢が今求められているのではないでしょうか。21世紀を担う生徒たちを狭い日本の中だけに閉じこめておくことはできません。いずれは，何らかの形で外国の人々と英語で交渉することが必要になってくるはずです。そのための素地は，学校英語教育それ自体を受信型から発信型へと変換することによってのみ築かれると思います。従来の「使うための学習」から「使いながらの学習」へと学習者の意識を転換する必要があります。そのためには，まず教える側の意識を変換しなければなりません。

　日本の学校英語教育の発信型への変換を阻んできた四つ目の理由として，やや逆説的にも聞こえるかもしれませんが，コミュニケーション活動の普及を挙げることができます。なぜならば，コミュニケーション活動自体，日本の学校英語教育を受信型から発信型へ転換するための切り札として教育現場に持ち込まれてきたからです。コミュニケーション活動普及の成果は特に中学校現場において顕著に現れています。従来の教師中心の一斉学習に代わって，ゲームやタスクを基軸としたペア活動やグループ活動が授業の柱となりつつあります。和訳はほとんど教室から姿を消し，教科書自体も会話文が主流となってきました。教科書に含まれる練習問題も，従来の機械的なドリルに代わって，情報移動に焦点を当てたコミュニケーション活動やタスク活動が多く盛り込まれるようになってきました。しかし，ゲーム性やタスク性が重視されるあまり，アウトプットへの配慮が不足しがちになっているのも事実です。

　こう断言してしまうと，学習者の発話を促すコミュニケーション活動を授業の柱として指導されている先生方からはすぐに異論が出そうですが，ここで問題にしているアウトプットへの配慮とは，あくまで量的な配慮のことです。生徒から発せられる発話の質にこだわるあまり，量への配慮が不十分ではなかったのかという問いかけです。実際，コミュニケーション重視の授業を参観しても，生徒から発せられる発話は相手に伝えるべき情報を盛り込んだ生きた発話の場合が多くなっていますが，個々の生徒たちから発せられる発話の数それ自体はけっして豊富とはいえない状況にあります。野球の喩えでいえば，コミュニケーション活動とは練習試合に当たります。日頃の練習の成果が試される生きた機会です。しかし，実際に打者が打席に立てるのは3回〜5回程度。一度

もバットにボールが当たらないまま試合が終わってしまうこともあります。守備の機会となると、ポジションにもよりますが、外野では1～2回という場合もよくあります。しかも、実践の場としての練習試合の利点は試合に出られるレギュラー選手についてのみ当てはまります。ベンチを温めている補欠選手やスタンドで応援している控えの選手には全く当てはまりません。コミュニケーション活動を軸とした授業においても、よく観察してみると補欠選手や控えの選手が存在する場合もあります。学習に参加できても、コミュニケーション活動に携わる機会はごくごく限られている場合が多々あります。その結果、コミュニケーション活動を主流とする授業において、野球でいえばキャッチボールやフリーバッティングに当たる基礎訓練が不足してくる場合もあります。そこがコミュニケーション活動の落とし穴です。本書の立場は、けっしてコミュニケーション活動の意義を否定するものではありません。コミュニケーション活動が目指してきたことは概ね正しかったと思います。しかし、What to communicate や How to communicate にこだわるあまり、How much to communicate への配慮が不足しがちであったことは否めません。コミュニケーション活動の普及が必ずしも発信型英語教育への転換、アウトプット重視の英語教育につながっていないと主張する根拠がそこにあります。

3 日本人英語学習者にとってのアウトプットの意義

なぜ日本の英語学習者にとってアウトプットが必要なのか、ここでは少し理論的に考えてみましょう。第二言語習得におけるアウトプットの意義を力説している研究者としては、カナダのトロント大学のスウェイン（M. Swain）をまず第一に挙げることができると思います。彼女は、長年、カナダのイマージョン教育を研究してきました。筆者の前著（伊東，1997）の執筆に際しても随分お世話になりました。長年、イマージョン履修者のフランス語能力について研究を進める中で、スウェイン（Swain, 1974）は彼らの受容能力はフランス語母語話者のレベルに匹敵するものの、運用能力においては改善の余地がかなり残されていること、その理由としてイマージョン授業の中でもフランス語を運用する活動が限定されていること、運用の機会が与えられても単語や句レベルのフランス語に限定される傾向があることに気づきます。つまり、クラッシェ

ン（S. Krashen）が勧める「理解可能なインプット」（comprehensible input）だけでは目標言語の正確な運用能力の獲得は望めないという認識に至ります。そこで，イマージョン履修者のフランス語のレベルをフランス語母語話者のレベルに近づけるためには，イマージョン授業の中で意識的にアウトプットを刺激するようなタスクを導入する必要があると考え（Swain, 1985），そのための具体的な方策として，生徒がペアになって目標言語であるフランス語の表現についてフランス語で話し合う活動（collaborative dialogue）を勧めています（Swain, 2000）。スウェイン自身はこの提案をアウトプット仮説（Output Hypothesis）と名付け，クラッシェンのインプット仮説（Input Hypothesis）を補完する理論として位置づけています。その上で，教室場面で発せられ，他の学習者にとっても理解可能なアウトプット（comprehensible output）には，①学習者による気づき（noticing）を促す，②学習者に仮説検証（hypothesis testing）の機会を与える，③学習者による意識的な振り返り（conscious reflection）を促し，メタ認知知識の成長を促す，という三つの役割が備わっていると主張しています（Swain, 1995）。

　このスウェインのアウトプット仮説を日本の英語教育に応用しようとする動きもありますが，ここで気をつけなければならないのは，彼女のアウトプット仮説はイマージョン教育の研究の中から生まれたこと，彼女が勧めるアウトプットとはイマージョン教育のような内容中心の学習環境の中で発せられるものであることをきちんと認識しておく必要があります。彼女が勧めるアウトプットとは，クラッシェン（Krashen, 1982）のことばを借りるならば，学習（learning）ではなく習得（acquisition）が基本となっているような学習環境，意味理解に重点が置かれ，意識的な文法学習が行われていないような学習環境において，学習者に目標言語の仕組みへの気づきを促す手段として位置づけられているのです。当初より意識的な言語学習が主流となる日本の英語教育には必ずしも当てはまらないのです。「子どもは母語を無自覚・無意識的に習得するが，外国語の学習は自覚と意図からはじまる」というヴィゴツキー（1934, p.113）の至言を再認識する必要があります。よって，このアウトプット仮説を安易に取り入れることは適切ではありません。むしろ，日本の英語教育を取り巻く事情を勘案して，日本独自の位置づけが必要だと思われます。

　日本人英語学習者にとってのアウトプットの役割を，われわれは次のように

考えています。まず言語学習の観点から，アウトプットはインプット中心の学習の中で獲得された宣言的知識 (declarative knowledge) を手続き的知識 (procedural knowledge) に昇華させる役割をもっています[7]。つまり，頭の中では分かっている英語に関する知識 (たとえば三単現のｓ) を実際の運用の中で使える知識に変えてくれるのです。昔から「習うより慣れろ」とか"Practice makes perfect."とよく言われますが，最近は以前の Audio-Lingual Approach が唱道した「慣れる」ことに主眼を置いた学習が軽視されがちです。たとえ教授法の流行が変化しても，この点は普遍の真理ではないかと思います。この点に関しては，Muranoi (2007) が非常に明快な説明を加えています。

次に，言語使用の観点からすれば，アウトプットは外国語として英語を学んでおり，日常生活の中で英語を使う機会が非常に限られている日本人英語学習者に英語でのコミュニケーションの体験を与えてくれます。それは，教室の中で行われるアウトプットゆえ，authentic な体験ではなく，擬似体験かもしれませんが，とにかく英語を使ってみるという体験はコミュニケーションの手段としての英語の学習には絶対必要です。どちらかといえばインプット中心の授業の中で獲得した英語の知識をとにかく実際に使ってみるのです。実際に使うことによって，上で言語学習の観点から指摘した宣言的知識の手続き化・内在化が促進されるだけでなく，これまでに獲得した知識の中で実際のコミュニケーションの中では何が必要で，何がさほど必要とされていないかが見えてきます。いわば獲得した知識の価値づけが可能になるのです。この点では今日，学校現場で実施されているコミュニケーション活動が重要な役割を演じています。ただ，すでに指摘したように，授業としての見栄映えよりも，いかに個々の学習者にアウトプットの機会を豊富に保障するかという点にもっと配慮する必要があると思います。要は，個々の学習者のレベルで「使うために学ぶ」から「使いながら学ぶ」への転換 (伊東，1989) が徹底される必要があると思います。

最後に，情意面の観点からアウトプットの役割を考えてみましょう。たとえ教室の中とはいえ，英語でのアウトプットは，日本人英語学習者が共有している英語コンプレックス，特に英語を話すことに対する劣等感を解消とまではいかなくも，かなりの程度軽減し，その結果として学習指導要領でも謳われている英語コミュニケーションに対する積極的態度の育成に貢献できると思われま

す。日本人英語学習者の場合，その文化的背景や国民性ゆえ，クラッシェン（Krashen, 1982）がその存在を指摘している情意フィルタ（affective filter）が必要以上に高いと思われます。英語でアウトプットを行う経験はその affective filter を下げることに役立つだけでなく，その結果としてより多くのインプットにさらされることにもなり，英語学習の促進剤的な働きをしてくれます。日本人英語学習者は自分の英語が相手や回りの人間にどのように聞こえるのか非常に気にしがちです。特にグループの中でだれか一人でも英語に達者な人物がいれば，英語を話そうとするトーンはずっと下がってしまいます。昔から「英語は度胸」と言われます。まずは英語でのアウトプットの機会を増やして，英語コンプレックス，英会話コンプレックスを少なくしていく必要があります。筆者が若い頃留学していたアメリカの大学での授業中の一こまを今も鮮明に覚えています。担当教師の"Where did you go yesterday?"という質問に中東から留学していた級友が"I went to the バルバルショップ."と答えました。すると，その担当教師は"You mean barbershop?"と聞き返しました。こんな場合，日本人であれば，"Oh, yes, barbershop."と言い直し，発音を修正してくれた担当教師に感謝の念を覚えるかもしれません。中東からやって来た級友は，むっとした口調で一言"Of course."と答えました。バルバルショップで何が悪いということを伝えたかったものと思われます。日本人が英語をコミュニケーションの手段として話せるようになるためには，この級友が示してくれた姿勢がまず一番必要なのかもしれません。

　以上，簡単に日本人英語学習者にとってアウトプットがなぜ必要なのか，論じてきましたが，ここ数年，アウトプットへの関心が着実に高まりつつあると思われます。その一つの現れとして，TOEFL や TOEIC といった社会的に認知されている英語習熟度テストにおいて，ライティングのみならず，スピーキングの試験を取り入れる動きが顕著になってきています。スピーキングをターゲットにした標準テストも実施されるようになってきました。英語でのアウトプット能力が実社会で今まで以上に重視されるようになってきた結果だと思われます。この社会の潮流を受けて，学校英語教育も変革が求められています。授業自体をアウトプット重視へと軌道修正する必要があると思います。そこで第2章からは，基本的にはコミュニケーション重視の立場に立ちながら，日本の学校英語教育においてアウトプットを増やしていく方策について，具体的

指導例を示しながら考えていきます。

〈注〉

(1) PISA とは Programme for International Student Assessment の略。詳しくは OECD の公式 PISA サイト（http://www.pisa.oecd.org/pages/0,3417,en_3225235 1_32236191_1_1_1_1_1,00.html）や文部科学省ホームページ（http://www.mext.go.jp/b_menu/toukei/main_b8.htm）参照。
(2) 第3回数学・理科国際教育調査についての詳しい情報は、国際教育到達度評価学会（International Association for the Evaluation of Educational Achievement, 略称 IEA）の公式サイト（http://www.iea.nl/index.html）等で入手可能。
(3) 順位に関しては、フィンランドの PISA 公式サイト（http://www.pisa2006.helsinki.fi/finland_pisa/finland_pisa.htm）参考。
(4) Educational Testing Service (2007), *Test and score data summary for TOEFL internet-based test, September* 2005-*December* 2006 *test data*（Princeton, NJ: ETS）.
(5) Educational Testing Service (2004), *TOEIC report on test takers worldwide* 2002-2003（Princeton, NJ: ETS）.
(6) 前掲書（ETS, 2007）参照。
(7) 宣言的知識（declarative knowledge）と手続き的知識（procedural knowledge）に関しては Anderson（2000）、Ellis（1994）、Doughty & Williams（1998）、白畑他（1999）等を参照。

第2章
自己表現につながる音読指導

1 指導の背景：音読の意義

　本章では，「音読」を教科書本文などパラグラフ単位の英文を音声化する作業と定義します。よって，新出単語の発音練習や新出構文など単文の発音練習はここでの音読の対象外とします。さて，最近，この音読への関心が高まっています。むしろ，再評価されているといった方がより適切かもしれません。なぜなら，音読という指導技術それ自体は，外国語教育において早くから実践されてきた伝統的な指導技術だからです（West, 1941 ; Gurrey, 1955）。わが国の場合は，パーマー（H. E. Palmer）によるオーラル・メソッドの普及活動の中でその重要性が強調されました。戦後は，國広正雄氏がその著書『英語の話し方』（サイマル出版会, 1970）の中で「只管朗読」の重要性を強調されて以来，音読への関心が一層高まった感がありました。

　しかしながら，1970年代後半から始まったコミュニカティブ・アプローチ（Communicative Approach）の隆盛の中で，情報の授受を伴うコミュニケーション活動，さらには具体的な作業の遂行を目指すタスク活動への関心が高まり，どちらかといえば訓練的な側面を有する音読が軽視されてきました（Gibson, 2008）。最近の音読の再評価は，このコミュニカティブ・アプローチが必ずしも実践的コミュニケーション能力の育成に成功していないという反省に加えて，コミュニケーション活動につながる基礎学習の重要性の再認識，教授法よりも授業の進め方への関心の高まり，さらにはグローカライゼーション（globalisation と localisation の合体語）指向の中でわが国の現状に即した指導法の模索など，いくつかの関連する動きの中で進行してきました。

　そこで，音読の意義を再確認しておきたいと思います。一時的な流行に終わ

らせないためにも。あくまで実践的コミュニケーション能力の育成を目指す指導の中での音読の意義としては，以下のような点が指摘できます。

（1） 文レベルでの発音練習が可能

　パラグラフ単位の音声化を音読の範疇とするとしても，具体的な指導段階では文単位での音声化が基軸となるため，文レベルでの発音練習として音読練習は機能します。そのため，単語レベルでの発音練習では取り扱うことができない音声事項について発音練習を行うことができます。具体的には，
　①一連の単語を続けて音声化する練習
　②それに伴って単語と単語の間で生起する音の化学変化の練習
　③かぶせ音素（センテンス・ストレスやイントネーション）の練習
などが主な練習項目として挙げられます。この中で，まず①については，どちらかといえば細切れに発音されがちな日本語の音に慣れている日本人学習者にとって，一連の語句を息を切らずに続けて発音する練習が大切です。そのためには，いわゆる腹式呼吸が不可欠です。英語母語話者の発音に近づくためには，まずこの息遣いから習得する必要があります。なぜなら，これこそ，英語の音文化そのものだからです。
　次に，②の練習はナチュラル・スピードで話される英語母語話者の生の英語を正確に聞き取るためには必須の練習となります。筆者の経験で恐縮ですが，日本の大学を卒業後，アメリカの大学院に留学しました。それまでの英語教育は，LLでの学習も経験しましたが，どちらかといえば英語講読が主流で，生の英語に接する機会はごく限られていました。アメリカの大学に到着早々，キャンパスですれ違うアメリカ人学生たちが，早口に「ハユデュイン」と言ってくれます。しかし，それまでの英語教育では遭遇したことのない言い方で，何のことか分かりません。ただ，状況から判断して挨拶ことばであることは容易に察しがついたので，適当に"OK."と笑顔を交えて答えていました。その「ハユデュイン」が実は"How are you doing?"であることに気づくまでにはかなりの時間が経過してしまった思い出があります。同様に，"First of all"がお祭りのフェスティバルに聞こえてしまって，よけいな勘違いをしてしまった経験をお持ちの読者もいらっしゃるかもしれません。このような経験を少しでも少なくするためには，やはり単語を超えたレベルで生起する音の化学変化を伴

う音読練習が有効であることは間違いありません。実際のところ,「アイウワナプレイテニス」を正しく聞き取るには,やはりそのように発音する練習も必要です。現実の会話では,そのような発音は多くの日本人にとって無用かもしれませんが,英語母語話者の英語を聞き取るには,実際にそのような発音ができることが必要です。発音できないものはなかなか正確に聞き取れないからです。

　最後に,③の練習については,特に,文の中で強勢が置かれる音節の間が等間隔になる傾向にある英語のリズム（専門的には,stress-timed rhythm と呼ばれます）に慣れることが肝心です。そのためにも,句あるいは文単位で息を切らずに続けて読む習慣を早い段階から習得する必要があります。英語母語話者にとって,聞き取りやすい外国人の英語とは,個々の単語の正確な発音もさることながら,いやそれ以上に,①で触れた息遣いに加えて,この文レベルでのリズムが英語らしく聞こえる英語のようです。その意味でも,英語の発音練習では,単語の発音から始めるよりも,文・語句単位で行われる音読練習によって,まず全体的な音の感覚を把握して,徐々に個々の発音へと進んでいく方がより適切だと思われます。

(2)　リーディングやリスニングに必要な直線的英文理解能力を育てる

　生徒に教科書本文の音読をさせると,英文を音声化することに全神経を集中させるため,音読が終わった段階で,音声化した本文の内容がほとんど脳裏に残っていない場合が多くあります。しかし,回を重ねるごとに音読しながら英文の内容が同時に理解できるようになります。しかも,回を重ねるごとに,英文の流れに沿って直線的に内容が理解できるようになります。いわば音読しながら直読直解ができるようになるのです。リーディングの場合,いくら直読直解が重要だと分かっていても,難解な部分に来ると立ち止まり,時には前に戻って意味を理解することがよくあります。音読の場合は,それができません。只管朗読を提唱された國弘氏自身,学校で英語を習った頃は,内容のある英文を何度も繰り返し音読されたとのことですが,おそらく,音読を繰り返したという事実もさることながら,内容のある英文を英語の流れに沿って直線的に理解しながら何度も音読されたことが,将来の同時通訳者としての仕事の基礎固めになったのではないでしょうか。いずれにしても,内容を考えながらの音読の繰り返しは,直読直解の力を育むという点で,学習者のリーディング力

を高めることにつながります（門田，2007）。音読とリーディング力の相関を実証した研究（Miyasako & Takatsuka, 2004）によってもこの点は支持されています。

　さらに，この英文の流れに沿って直線的に理解する能力は，リーディングに限らず，リスニングでも，いやむしろリスニングでこそ必要な技能です。リーディングと異なり，立ち止まることも前に戻ることも許されないからです。直読直解ならぬ直聞直解が求められます。しかも，聞こえてくる英文を文字で確認することはできません。その意味で，英文の流れを意識しながら音読を繰り返すことは，リスニング力の向上にもつながります。この点は，音読とリスニング力の相関を実証した研究（Tsuchiya & Matsuhata, 2002；玉井，2005）によっても支持されています。

(3)　スピーキングへの基礎固めが可能

　音読が文レベルでの発音練習になることや，直読直解や直聞直解の習慣を育てる点でリーディング力やリスニング力の向上につながる点もさることながら，音読の真骨頂は，やはり，スピーキング力の基礎を培う点にあると思います（土屋，2004）。コミュニケーションを目指した指導が展開される中で，リスニングやスピーキングの指導がすぐにゲームやタスクと関連づけられる傾向にあります。オーディオ・リンガル・アプローチの下では，スピーキングの指導があくまで正確な発音の習得を目的としたスキルとしての指導に限定されていたことへの反省の賜物ですが，意外な落とし穴もあります。つまり，ゲームやタスクの採用を通して教室活動のcommunicativityを高めようとすればするほど，意外にも個々の学習者がスピーキングの形で英語を口に出す機会は少なくなってきます。量だけでなく，1回の発言で発せられる英語も短くなる傾向があります。さらに，ゲームなど単語レベルの発話で問題が解決できる場合が多々あります。これでは，いくら場面に即した意味のある発話であってもわずか1回限りではなかなか生徒個々のスピーキング力を高めることはできません。やはり，なるべく多くの英文をなるべく頻繁に発しなければ，スピーキング力の基礎固めはできません。しかし，ただ単に教科書本文をむやみやたらに音読するだけでは，多くの生徒が途中で挫折することも無視できない事実です。そこに，英語教師の専門性が問われてきます。つまり，教師の工夫次第

で，同じ教材を使いながらも実に多様な音読練習が可能になり，それだけスピーキング力の基礎固めも堅固なものになります。アウトプット重視の英語教育では，特にこの最後の利点が大きな意味をもってくるものと思われます。実際，後で紹介する Read and look up の手法や Shadowing の手法はスピーキング力育成のための基礎訓練として学校だけでなく，さまざまな語学教室で盛んに活用されています（門田，2007；Gibson, 2008）。

2 指導の実際

(1) 音読のバリエーションを増やす

　音読が大切といっても，いつも"Repeat after me."ばかりでは，生徒も飽きてきます。飽きてくると，だんだん音読練習の機会も減らしてしまうことにもなりかねません。しかし，アウトプットを増やすという観点からすれば，音読の機会はなるべく多く提供したいものです。そのためには，教師が多様な音読練習の手法を会得しておくことが肝心です。筆者自身，夏休みに実施される英語教員研修講座の講師を務めることが多くありますが，必ず音読に触れます。そして，参加している先生方に，教科書の会話教材をもとに，最低でも10通りの音読練習の方法を即座に列挙してくださいとお願いすることにしています。日頃から音読に関心のある先生にはいとも簡単なことかもしれませんが，単純な"Repeat after me."で始まる伝統的な音読練習しか実践されていない先生方の多くが，最初は面食らうことになります。でも，バリエーションを生み出す視点さえきちんと押さえれば，10通りどころかたちまち50通り，いや100通りの異なる音読指導を思いつくことも可能になります。以下，そのバリエーションを生み出すための視点を整理してみましょう。

ア）教科書の扱い（本文を見ながら音読をするのかどうか）

　たとえば，一文ごとの教師による範読に続いて学習者が当該文を音読する場合に，①教科書を開いたまま，つまり，教科書の本文を見ながら行うのか，②教科書を閉じて，つまり，教科書の本文を見ずに，教師の範読を短期記憶に入れたまま，それを繰り返すのか，さらには，③教師による範読の間は，該当する教科書本文の英文を目で追いながら教師の範読を短期記憶に入れ，音読する場合には顔を上げ，つまり，教科書本文から目を離して音読するのか，という

点に応じて3通りの音読のバリエーションが生まれてきます。①が一番オーソドックスな方法で，音読練習といえば，まずこの形が思い出されます。②の方法は，実質的には教師の後についての繰り返し練習となります。③の方法は，いわゆる Read and look up という方法で，英語教育の分野では早くから取り入れられてきた方法です。「顔上げ音読」と呼ぶこともできます。なお，②や③の活動は，教科書の本文を見ずに教師の範読を繰り返すことになるので，厳密な意味では「音読」ではなくて「再生」あるいはリプロダクションと呼ばれるべき活動かもしれませんが，本章ではこの種の活動も音読のバリエーションとして扱うことにします。

イ）音読のモデル（教科書の本文の範読をだれが行うのか）

　①日本人教師（JTE）の後について音読するのか，②ALT（Assistant Language Teacher）の後について音読するのか，③CDの後について音読するのか，という点に応じても3通りの音読のバリエーションが生まれてきます。これに，上で触れた教科書の扱い方に応じて生じてくる音読のバリエーションと組み合わせれば，すでに9通りのバリエーションが生まれてきます。

ウ）音読の人数（一度に何人で音読をするのか）

　①教師の範読の後に続いてクラス全員で音読をするコーラスリーディング（chorus reading）の形態，②二人の話者（AとB）による対話文の音読練習の場合によく行われることですが，あらかじめクラス内で役割を決めた上で役割を交代しながら音読を行うロールリーディング（role reading）の形態，③クラスの中から一人（会話教材の場合は二人）の生徒を指名し，その生徒に本文の該当箇所を音読させる個人読み（individual reading）の形態，④クラスの生徒一人ひとりにそれぞれ自分の速度で本文の該当箇所を読ませるバズリーディング（buzz reading）の形態などのバリエーションが考えられます。この中の②ロールリーディング（役割読み）に関しては，(a) 教師とクラスの全員の間で役割を決めて行う場合，(b) クラスを二つのグループ（たとえば，クラスの左側半分をA，右側半分をBとする，あるいは男子全員をA，女子全員をBとする）に分け，そのグループ間で行う場合，(c) 生徒を二人一組のペアに分けた上で，それぞれのペア単位で行う場合など，役割の決め方を工夫すればさらに細かいバリエーションが可能です。ペアの組み方も机の隣同士の場合もあれば，前後の場合や斜めの場合もあり，さらに変化に富んだ音読練習が可能に

なります。

エ）音読の単位（一度にどの程度の長さの英文を読むのか）

　①文単位で音読を行うのか，②節単位で行うのか，③句単位で音読を行うのか，さらには④単語単位，つまり，一語単位で音読を行うのか，という点に応じても多様なバリエーションが生まれきます。実際の指導に当たっては，文の構造次第で音読単位は適宜変化させても差し支えありません。高等学校レベルになると，なるべく節や文単位で音読をするのが適切かと思われますが，生徒の声が小さいと感じた場合には，適宜，音読の単位を短くするという柔軟さも教師には必要です。もちろん，同一の教科書本文について，回数を重ねるたびに単位を広げていくのもよいでしょう。1回目は句単位で，2回目は節または適宜文単位で，そして最後は完全に文単位で行います。ただ，文を区切る場合に，一語読みの場合を除いて，いわゆる意味の単位（sense group）の途中で文を切らないようにすることが肝心です。そのためにも，教材研究の段階で意味の単位をきちんと確認しておく必要があります。

オ）音読のタイミング（教師の範読の直後に音読を始めるのか）

　①文単位での教師の範読が終了した後に引き続いて一文の音読を行う形態（consecutive reading），②教師の範読を追いかけながら音読を行う形態（shadowing），③教師の範読と同時に，つまり，教師と一緒に本文の音読を行う形態（simultaneous reading）というバリエーションが考えられます。①が最も一般的・基本的な音読の形態ですが，教科書を見ずに行えば，困難さのレベルは一段と高くなります。②の shadowing，その中でも特に文字を見ずに行う shadowing は，同時通訳者の訓練で多用される方法ですが，リスニング力やスピーキング力を高める上で非常に有効だとされています。

カ）音読の速さ（音読は自然な速度で行うのか）

　学習者の方で音読のスピードをきちんと管理するのは困難と思われますので，基本的には教師による範読のスピードを変化させることによって生徒の音読のスピードを間接的にコントロールする方法が有効です。教師による範読のスピードとしては，①若干ゆっくりとした学習者に優しいスピード（learner-friendly speed），②母語話者によって話される自然なスピード（natural speed），③意識的に速めたスピード（accelerated speed）の3種類が考えられますが，実際には生徒の乗り具合を見て，適宜範読のスピードを変えていくことが肝心で

す。リスニング指導の分野ではいわゆる速聴訓練がリスニング力の向上に有効であることが確認されていますが、スピードを速めた音読も、英語の音に慣れるだけでなく、生徒に音読への自信を植えつける意味で効果的です。

　ここで示された音読のバリエーションを生み出すさまざまな視点を相互に組み合わせれば、実に多様な音読指導が可能になります。なお、音読の練習に当たっては、ここで紹介されたさまざまなバリエーションを自分の指導技術として確立することに加えて、音読に際しての息遣いにも気を配る必要があります。母語話者が話す英語と日本人学習者が話す英語を聞き比べたときの大きな差の一つは、その息遣い、つまり、その発声法の違いです。英語母語話者は基本的に腹式呼吸ですが、日本人学習者は概ね胸式呼吸で英語を発音しようとします。これは基本的には、英語と日本語のリズムの違いと関係しています。英語の場合は、文ストレスが発話の中で等間隔に置かれるリズム (stress-timed rhythm) ですが、日本語の場合は子音と母音で形成されるシラブル（より正確にはモーラ）を単位として発音されるリズム (syllable-timed rhythm) で発音されます。息遣いに話を戻すと、英語の場合、絶えず息を出しながら文や節が発音されます。この息遣いがあの英語特有のリズムを生み出しているのです。よって、実際の指導に際しては、文や節単位で音読する場合、なるべく途中で息をつがず、絶えず息を少しずつ吐きながら文や節を発音し終わるように指導することが肝心です。要するに、文や節を一息で発音するように指導するのです。一息で文や節を発音しようとすると、どうしても速く読んでしまおうとする生徒が出てきますが、あくまで普通のスピードで、息を出しながら読み終えるように指示してください。こうすることで、日本人学習者の発音の intelligibility が格段と向上します。個々の発音の正確さもさることながら、いやそれ以上に、この文や節単位での息遣いの仕方が重要なのです。その意味でも、英語の歌を歌うことは英語特有の息遣いをマスターするために有効な手段です。その上で、教科書の本文を音読する場合も、英語の歌を歌う感じで音読するように指導してみてください。英語の息遣いにだんだん近づいていくことが学習者にもきっと実感できると思います。

(2) 音読を加工する

　上で紹介した教科書本文を素材とした音読のバリエーションをなるべくたく

さん自分のレパートリーにすることに加えて、教科書本文に多少の加工を加えて、音読練習をより活性化することもアウトプットを重視する英語教育を推進する上で大切なことです。たとえば、次のような会話文を例に取ってみましょう[(1)]。

> *Shin*: What kind of movies do you like?
> *Judy*: I like love stories. How about you?
> *Shin*: I like science fiction movies. I think they're more interesting than love stories.
> *Judy*: What's your favorite movie?
> *Shin*: E. T. It's the most moving science fiction movie in the world.

すぐに思いつく音読練習は上で紹介したロールリーディングでしょう。ここでは、この教材に少し手を加えて、次のような漸進的ロールリーディングを行ってみてください。

Dialog 1
Shin: What (k　) (o　) (m　) do you like?
Judy: I (l　) (l　) (s　). How about you?
Shin: I like (s　) (f　) (m　). I think they're (m　) (i　) (t　) love stories.
Judy: What's (y　) (f　) (m　)?
Shin: E. T. It's the (m　) (m　) science fiction movie in (t　) (w　).

Dialog 2
Shin: What (k　) (　　) (m　) do you like?
Judy: I (l　) (　　) (s　). How about you?
Shin: I like (s　) (　　) (m　). I think they're (m　) (　　) (t　) love stories.
Judy: What's (y　) (　　) (m　)?

Shin: *E. T.* It's the (m   ) (   ) science fiction movie in (   ) (w   ).

Dialog 3

Shin: What (k   ) (   ) (   ) do you like?
Judy: I (l   ) (   ) (   ). How about you?
Shin: I like (s   ) (   ) (   ). I think they're (m   ) (   ) (   ) love stories.
Judy: What's (y   ) (   ) (   )?
Shin: *E. T.* It's the (m   ) (   ) science fiction movie in (   ) (   ).

Dialog 4

Shin: What (   ) (   ) (   ) do you like?
Judy: I (   ) (   ) (   ). How about you?
Shin: I like (   ) (   ) (   ). I think they're (   ) (   ) (   ) love stories.
Judy: What's (   ) (   ) (   )?
Shin: *E. T.* It's the (   ) (   ) science fiction movie in (   ) (   ).

　まず，生徒たちをペアに分け，1回目の音読でどちらがShinを担当するのか決めます。2回目は役割を交代して音読をします。3回目はまた最初の担当に戻ります。4回目はまた交代します。全部で4回音読を行いますが，回を重ねるごとに空白部の手がかりが少なくなっていきます。最終的には手がかりはなくなりますが，この段階に達するときにはおそらく手がかりなしでも読めるようになっていると思います。実際の指導では，途中で英語が出てこなくなれば，またその回の最初のターンからやり直すように指示を出してみてください。また，なるべく相手の顔を見ながら話すように言えば，自然な形でRead and look upつまり「顔上げ音読」が実践できます。

　次に示すのは，同じ漸進的ロールリーディングながら，自己表現の要素を盛

り込んだ音読練習です。説明の便宜上，同じ教材を素材として利用します。

Dialog 1

Shin : What kind of movies do you like?
Judy : I like love stories. How about you?
Shin : I like science fiction movies. I think they're more interesting than love stories.
Judy : What's your favorite movie?
Shin : [   ]. It's the most moving science fiction movie in the world.

Dialog 2

Shin : What kind of movies do you like?
Judy : I like [   ]. How about you?
Shin : I like science fiction movies. I think they're more interesting than [   ].
Judy : What's your favorite movie?
Shin : [   ]. It's the most moving science fiction movie in the world.

Dialog 3

Shin : What kind of movies do you like?
Judy : I like [   ]. How about you?
Shin : I like [   ] movies. I think they're more interesting than [   ].
Judy : What's your favorite movie?
Shin : [   ]. It's the most moving [   ] movie in the world.

Dialog 4

Shin : What kind of movies do you like?

Judy : I like [   ]. How about you?
Shin : I like [   ] movies. I think they're more [   ] than [   ].
Judy : What's your favorite movie?
Shin : [   ]. It's the most [   ] [   ] movie in the world.

　基本的な手順は，上記の漸進的ロールリーディングと同じですが，違いは，[　　　]に教科書の表現ではなく，自分自身が選んだ表現を補いながら音読を進めていく点です。しかし，いきなりこの形でのロールリーディングが困難な場合は，[　　　]部にくることが予想される表現をあらかじめ生徒に示しておくと，うまくいきます。たとえば，映画の種類で言えば，love stories と science fiction 以外に comedies, action movies, horror movies, musicals, suspense movies, western movies, fantasy movies などを，interesting や moving の代わりとしては exciting, thrilling, entertaining, scaring などの形容詞を提示しておくとよいでしょう。コミュニケーション活動の神髄は，学習者に選択権を付与することなので，完全な自己表現でなくとも，十分意味のある活動になると思います。

　さらに，次のような加工もトライしてみてください。生徒をペアに分けて，日本語で示されている部分を英語で表現します。それを聞いている相手の生徒はプリントに書かれている英語でその英語が正しく再生されているかどうか確認します。

Handout A
Shin : どんな種類の映画が好きですか。
Judy : I like love stories. How about you?
Shin : SF 映画が好きです。SF 映画の方が恋愛映画より面白いと思います。
Judy : What's your favorite movie?
Shin : E. T. です。E. T. は世界で一番感動的な SF 映画です。

Handout B

Shin : What kind of movies do you like?
Judy : 私は恋愛映画が好きです。あなたは？
Shin : I like science fiction movies. I think they're more interesting than love stories.
Judy : あなたのお気に入りの映画は？
Shin : E. T. It's the most moving science fiction movie in the world.

　ここまでくると音読とはいえないかもしれません。口頭英作文といった方がより適切かもしれませんが，ロールリーディングの変種として位置づけてもよいと思います。大切なのは，位置づけの問題ではなく，アウトプットを引き出す上で効果的かどうかです。

(3)　創造的音読のすすめ

　これまで述べたことは，すでに音読に関心をもたれている先生方にとってはきわめて常識的なことかもしれません。そこで，現職教員を対象とした研修会等で紹介し，多くの先生方から好意的な評価をいただいている方法，つまり創造的音読指導を紹介します。といってもけっして，珍しい方法ではありません。おそらくすでに実践されている先生方も多いと思われる簡単な方法です。あまりに簡単すぎて見過ごされてきた感さえあります。たとえば，次の教材を例にとって説明します[2]。

　　Helen Keller got sick when she was eighteen months old. When she got better, she could not see or hear at all. Because she could not hear, she could not learn to speak. Because she could not see, she could not learn to read. Helen lived in a dark, silent world.

　　When she was almost seven years old, her parents could not control her any more. So they employed Anne as her teacher. Anne was twenty-one years old at that time.

　　Anne gave Helen a doll and slowly spelled the word "d-o-l-l" on her hand. Helen was interested in this game and learned to spell words such as "m–u–g" and "w–a–t–e–r." But she could not understand the words.

　このままでは，生徒の生活とは接点のない歴史上の人物に関する，どちらかといえば無味乾燥な文章です。よって，音読させても，棒読みになってしまいがちです。しかし，このどちらかといえば退屈な第三者の物語を生き生きとした自分の伝記に変えてしまう方法があります。実に簡単です。Helen Keller になりきって音読すればよいだけです。つまり，Helen Keller を I に置き換えて読んでいけばよいのです。これを「なりきり音読」と呼んでいます。

　I got sick when I was eighteen months old. When I got better, I could not see or hear at all. Because I could not hear, I could not learn to speak. Because I could not see, I could not learn to read. I lived in a dark, silent world.
　When I was almost seven years old, my parents could not control me any more. So they employed Anne as my teacher. Anne was twenty-one years old at that time.
　Anne gave me a doll and slowly spelled the word "d–o–l–l" on my hand. I was interested in this game and learned to spell words such as "m–u–g" and "w–a–t–e–r." But I could not understand the words.

　不思議なもので，最初は退屈で自分とはつながりのない第三者の古い伝記にしか思えなかった物語が，自分自身の物語（自分史）に変身します。しかも，単に Helen Keller を I に変えるだけでなく，本文中の至る所でそれに連動した修正（たとえば，her parents を my parents に）を施さなければなりません。オリジナルの教材を見ながら，かつこれらの修正を施しながら本文を読み進めていくことは，学習者にかなりの負荷をかけることになります。それだけ，生徒も集中して音読することになります。
　実際の指導に当たっては，以下の点に留意してください。
　①隣同士でペアを作り，一方がヘレン・ケラーになりきって，自分の子ども時代のエピソードを相手に話しかける調子で音読するように求めます。そうすることによって，音読によくある棒読みを防ぐことができます。

②音読するときには，すでに修正を施した英文ではなく，あくまでオリジナルを見ながら，リアルタイムで自分の物語に変えていくように要求する方がより効果的です。ヘレン・ケラーの視点をリアルタイムで自分の視点に変えながら音読する作業は，音声化する前に内容を頭の中で咀嚼するので，それだけ自己表現に近くなります。普通の音読はどちらかといえば，音読しながら内容を考えたり，場合によっては単に文字を音声化するだけの場合もありますが，この創造的音読においては，内容が音声化に先行するので，実際の発話行為により近くなるわけです。かつ，即座に必要な変形を行わなければならないので，音読に伴う認知的負荷（cognitive load）も高まり，スピーキングに必要な下位技能のシンクロナイゼーションの訓練にもなります。

③相手に話しかけるように話すことを確実にするためには，なるべく多くアイコンタクトを保ちながら，音読するように求めます。聞き役も適宜相づちを打ちながら，相手の話に耳を傾けるように指示します。なるべくアイコンタクトを保つということは，上の音読のバリエーションのところで紹介した Read and look up をごく自然な形で実践することになります。Read and look up も，どちらかといえば訓練的要素が強い音読の練習法ですが，この創造的音読の中ではそれが自然な形で行われることになります。実際生活においても，人前でスピーチ（たとえば結婚式での来賓祝辞）をするときには，この Read and look up を活用することになります。きわめて実践的な音読練習です。

最後に，この創造的音読練習の利点を簡単にまとめてみましょう。第一の利点は，音読の真実性（authenticity）を高めるという点です。音読という作業は，基本的には訓練的要素が強い活動です。國広氏が推奨する只管朗読も，漢文の素読にヒントを得たもので，最初内容が分からないもので何度も繰り返し読んでいると，その内に内容が理解できるようになると思われている方法です。ここで推奨している創造的音読法は，音読から訓練的要素を少しでも取り払い，自己表現的要素を盛り込んだ音読方法です。まさに自分にまつわるエピソードを相手に話しかける行為を踏襲しており，実生活でも起こりうる活動で，それだけ活動の真実性が高まります。

第二の利点は，主語を第三者から自分に置き換えながら音読をする行為は，音読に伴う認知的負荷を高めることになるという点です。認知的負荷が高まるということは，それだけそこで使用されている言語表現に注目することになり

ます。言語表現への気づき（noticing）を高めるといってもよいかもしれません。言語表現への注目度が高まれば，その内在化が促進されることになります。

　第三の利点は，読み手と教材との間の心理的距離（psychological distance）を縮めることになるという点です。ヘレン・ケラーの物語は，読み手に訴えかける要素がもともと組み込まれているとはいえ，そのままではあくまで読み手である日本の英語学習者にとっては接点を見いだしにくい第三者のエピソードであり，現在から隔絶されたエピソードとなっています。その結果，教材と読み手である学習者との間の心理的距離はかなり離れているといわざるをえません。ヘレン・ケラーの生き様を共有するための一番の方法は，やはり何といってもヘレン・ケラーになりきることです。創造的音読はそれを可能にしてくれます。宿題として本文を数回自宅で読んでくる課題を出される場合もあると思いますが，一度この形での音読を課題として生徒に求めてみてください。参考までに，もう一つ，この創造的音読練習にふさわしい教材を紹介します。読者のみなさんもぜひ，一度挑戦してみてください[3]。

　When he was in junior high, World War II started. He was still drawing insects. He also started to draw comics. His friends loved his manga.

　During his military training, Tezuka got sick and had to spend some time in the hospital. When he got better, he wanted to become a doctor.

　After World War II, Tezuka went to medical school. One day he ran after a butterfly. When he was about to kill it, his hands froze. "Every life is important even if it is a small insect," he thought. He stopped collecting insects after that.

　Tezuka's first comic book, *New Treasure Island*, came out in 1947 when he was still in medical school. After its big success, he started to create a lot of comic books. *The Jungle Emperor*, a story of a white lion, and *Astro Boy*, a story of a robot boy, are among them.

　"Should I become a doctor or a cartoonist?" Tezuka asked his mother one day. She asked him, "Which would you rather be?" "A cartoonist," Tezuka answered. "Then you should be a cartoonist," his mother told him.

手塚治虫を感じることができましたか。棒読みではなく，あくまで相手に話しかけるように読むことが大切です。手塚治虫になりきってください。きっとこの教材への親近感が一層強まると思います。

3 まとめ

冒頭でも述べましたが，近年，音読が再評価されています。ゲームやタスクを主体とするコミュニカティブ・アプローチ（Communicative Approach）が必ずしも生徒の実践的コミュニケーション能力の育成に成功していないという反省，情報の授受という活動の目新しさに注目するあまり，コミュニケーションに必要な土台作りがおろそかにされていたという反省がその背景として挙げられます。しかし，昔ながらの教科書の本文をただひたすら読むだけの音読にも限界があります。音読指導にできるだけのバラエティを付与し，変化に富んだ音読指導を心がける必要があります。従前の音読指導においては，どちらかといえば，教科書本文の言語材料を定着させることに主眼が置かれていたと思います。英語を使っての異文化間コミュニケーションが現実的なものとなってきた今日，音読を英語での異文化間オーラル・コミュニケーション能力，つまり，英語でのスピーキング能力を育成するための重要な手段として位置づける必要性を痛感しています。さらに，日本のように，国内では英語をコミュニケーションの手段として使う機会が少ない環境においては，教室の中でできるだけ英語でのアウトプットを増やすための手だてとして，音読を明確に位置づけることも必要です。そのためにも，ここで紹介した自己表現的要素が盛り込まれた音読指導が効果的です。ぜひ，トライしてみてください。

〈注〉
(1) 中学校用英語教科書 *New Horizon English Course*（東京書籍，平成 18 年度版），Book 2, p. 77.
(2) 中学校用英語教科書 *One World English Course*（教育出版，平成 9 年度版），Book 3, p. 34.
(3) 中学校用英語教科書 *One World English Course*（教育出版，平成 18 年度版），Book 2, pp. 106–107.

第3章

創造的 Q&A のすすめ

1 指導の背景

(1) なぜ発問か：発問の存在意義

　発問は，洋の東西を問わず，古来教師による教授活動の中核をなす活動です。対話によって真実を追究したプラトンしかり，日本の禅問答しかりです。外国語教育の分野では，当初は主に難解な教材の理解度を確認する手段として利用されました。教育が知識を伝播するための重要な手段としてみなされていたからです。その後，知識の伝播に加え，思考力の育成や学習方法の学習が教育の対象になるにつれて，自ずと発問の利用法も変化してきました。この変化を考慮し，本章では外国語教育における発問の存在意義を，発問の基礎となる言語材料の学習との関連で，①教材の多角的検討（negotiation）を促すことによって，生徒の注意を教材へ向けさせる，②言語材料への認知的負荷を増大させることによって，言語材料の定着を図る，および③教室内でのインターラクションを助長することによって，言語材料の定着を強化する，という3点において認めます（伊東，1989 a）。アウトプット重視の英語教育の構築においては，その中でも特に3番目の存在意義に注目することになりますが，まずは，英語教師にとっての発問を簡単に整理してみましょう。

(2) 発問の種類

　英語の授業で教師が発する発問には，さまざまな種類や形態が存在します。ここでは，その多様性を理解する観点として，ア）目的，イ）使用言語，ウ）形式，エ）機能，オ）内容，カ）対象，キ）発問者の7つの観点に注目します。まず，ア）目的に関しては，①言語材料の理解度を確認する発問，②言

材料の理解を促進し深化するための発問，③言語材料の運用を誘発し促進するための発問，④インターラクションを誘発し促進するための発問などが考えられます。①〜③までは，基本的には学習者個人での学習が，④はペア学習やグループ学習も念頭に置かれています。

イ）使用言語に関しては，①英問英答，②英問日答，③日問日答の3種類が考えられます。組み合わせからいえば，④日問英答も考えられますが，教師が日本語で質問をして生徒が英語で答えるという形は，教師が手抜きをしているとも考えられ，学習者にとって不公平ともいえます。もちろん，後でも触れますが，同じ日問英答でも，生徒が日本語で質問し，教師が英語で答えるという形では存在可能です。たとえば，入門期でのALTとのティーム・ティーチングではJTEが通訳を務めるという形態で，この日問英答が存在することになります。アウトプット重視の英語教育においては，①英問英答が主流をなすことはいうまでもありません。

ウ）形式に関しては，英語での質問に限定した上で，①一般疑問文，②選択疑問文，③特殊疑問文の3形式が考えられます。Q&Aでは，とかく疑問詞（what, who, when, where, why, how）に導かれた③特殊疑問文が主流になりがちですが，生徒の反応を見ながら，臨機応変に発問の形式を変化させていく柔軟性が教師に求められます。

エ）機能に関しては，① display questions と② referential questions の区別 (Long & Sato, 1983) が重要な意味をもつことになります。前者は，発問者（多くの場合教師）がすでに答えを知っている発問であり，後者は発問者が答えを知らない発問です。たとえば，次の二つの対話を比べてみましょう。

(A)	*Teacher :*	What is the first day of the week?
	Student :	Sunday.
	Teacher :	That's right. Then what about the last day of the week?
(B)	*Teacher :*	What did you do last Sunday?
	Student :	I went to the cinema with my friend.
	Teacher :	Oh, did you? What film did you see?

(A)での教師の発問は，いずれも当初より答えが分かっている発問であり，

典型的な display questions です。一方，(B) での教師の発問は，いずれも発問者である教師にはどのような答えが返ってくるのか分からない referential questions です。言語形式の定着を目指す英語の授業では，つい，目標構文を取り入れた display questions が多くなりがちですが，referential questions もなるべく多く取り入れるようにしたいものです。

　オ）内容に関しては，答えに盛り込まれる内容の質に応じて，① factual questions, ② inferential questions, ③ personal questions の 3 種類が考えられます (Howatt & Dakin, 1974)。この面での発問の分類に関しては，これまでにもさまざまな分類法が示されています。たとえば，Gurrey (1955) は，答えに含まれる情報が発問の対象となったテキストに中に含まれる度合いに応じて，発問を① Stage One Questions, ② Stage Two Questions, ③ Stage Three Questions の 3 種類（段階が上がるにつれて，答えに含まれる情報がテキスト外に依存している）に分けています。Mehan (1979) は，教師が学習者から回答を引き出す形態に応じて，発問を①与えられた選択肢から回答を選択させる choice elicitations, ②テキストの中の具体的事例を回答させる product elicitations, ③テキストの中の具体的事例の間の関係を回答させる process elicitations, ④テキストの中の具体的事例に基づく推察の結果を回答させる metaprocess elicitations の四つに分類しています。Ustunluoglu (2004) は，回答者である学習者が発問への回答に至る経過に着目し，①与えられた情報の正確な理解を問う analysis questions, ②与えられた情報に基づく推察を問う hypothesis questions, ③与えられた情報の評価を問う evaluation questions の三つに分類しています。おそらく最も包括的な発問の分類は Tollefson (1989) によって示されています。彼は，回答に必要な認知プロセスの違いに応じて，発問を① literal comprehension 型，② reorganization 型，③ inferential comprehension 型，④ evaluation 型，⑤ appreciation 型の 5 種類に大別し，それぞれをさらに細かく分類することによって，計 34 種類の発問を，個々の発問のために使用される具体的英語表現とともに示しています。これらは，基本的にはリーディング指導との関連で提案された分類法であり，アウトプットを重視した英語教育を目指すわれわれの目的とは必ずしも合致していません。学習者からの回答の中身によって発問を分類した Howatt & Dakin (1974) の枠組みは，ある意味では学習者からのアウトプットの性質による分類であるため，本章ではこの

枠組みを基本的な発問分類法として利用します。

　カ）対象に関しては，教師による発問がだれを対象になされるかに応じて，①クラス全体対象，②集団（ペア～グループ）対象，③個人対象の3種類に分けることができます。これら3種類の発問はそれぞれ別々に存在するのではなく，実際の授業の中では，適宜組み合わせて活用されます。たとえば，まず①によって教師がクラス全体に対して発問を行います。少し間をおいて，生徒を指名し，③の発問を行います。さらに，その生徒からの回答を受けて追加の質問を③を使って行う場合もあれば，再度，①を使って全体に向かって発問する場合もあります。教育実習生の授業を観察していると，いきなり生徒を指名し，③の個人対象の発問を行う場合が散見されますが，まず①の全体型の発問（グループ活動を展開している場合は，②の集団型の発問）を使って，学習者全員に教師の発問を自分への発問として意識させたのち，③の個人への発問を行うことが授業の鉄則です。さらに，状況に応じて③の個人型を全体へと返すことも適宜必要となることも心がけておくべきでしょう。

　キ）発問者に関しては，発問をだれがだれに向かって行うかによって，①教師が生徒に対して行う T–P 発問，②生徒が教師に対して行う P–T 発問，③生徒が他の生徒に対して行う P–P 発問の3種類に分けることができます。当然，この場合も，使用言語や形式，内容などに応じてさまざまな形態の発問が可能になります。

　発問は教師が行うものであるという暗黙の了解を覆し，生徒一人ひとりが教師に対して，あるいは他の生徒に対して，積極的に質問できる雰囲気作りも重要です。最終目標は，生徒が自立した発問者になり，生徒同士で活発なコミュニケーションを展開する姿です。そのための手だてを工夫するのが教師の重要な役割だと考えます。本章ではそのための手だての一部を紹介します。

2　指導の実際

(1)　伝統的 Q&A から一歩進んだ創造的 Q&A へ

　まず，伝統的な発問作りから話を始めることにしましょう。次の教材[1]を使って指導する場合を考えてみましょう。写真ジャーナリスト Kevin Carter がスーダンで撮影した有名なハゲワシと少女の写真をめぐる内容です。

> Sudan is a large country in northeast Africa. It is a country with great promise. But it also has great problems.
>
> In 1993 the people of Sudan suffered from war and hunger. Few people knew about this. Kevin Carter went there to work as a photographer. He wanted the world to see the problems of Sudan.
>
> One day Carter saw a child. She was lying on the ground. He knew why the child was there. She was so hungry that she could not move. Suddenly a vulture appeared. He took this photo.
>
> The photo appeared in newspapers all over the world. It made him famous. He won a Pulitzer Prize for it.

　本教材は，どちらかといえば，リーディングのための教材であり，通常では正確な内容理解に授業の力点が置かれることになります。内容理解のための典型的な質問としては，次のような発問が考えられます。

①Where is Sudan?
②What kind of country is Sudan?
③What have the people in Sudan suffered from?
④When did Kevin Carter go to Sudan?
⑤Why did Kevin Carter go to Sudan?
⑥What did Kevin Carter see one day?
⑦Why was the child lying on the ground?
⑧What appeared when Kevin Carter was looking at the child?
⑨What did Kevin Carter do when the vulture appeared?
⑩What happened to the photo Kevin Carter took in Sudan?
⑪What prize did Kevin Carter win for the photo he took in Sudan?

　教材から発問を作成することは教師の重要な仕事です。授業の成功の度合いも，発問の善し悪しに左右されます。教育実習生の授業を観察してみると，発問よりも指示の方がやたら耳につく場合があります。そのような場合，たいがい，教師主導の一方向的な授業になってしまっています。一方，経験豊かなべ

テラン教師の授業を観察してみると，効果的な発問によって生徒を実にうまく授業に参加させています。実習生とベテラン教師の違いがそこに如実に現れています。では，どうすれば，ベテラン教師のようにうまく発問が作れるようになるのでしょうか。

　発問作りのこつの会得は，まずは，テキストに含まれる一つの英文からなるべく多くの発問を作ることから始まります。具体的には，一つの英文から5Ｗ1Ｈの質問を速やかに作ることから始めてみましょう。たとえば，上記のテキストに含まれる

　Kevin Carter went there to work as a photographer.
という英文を例に取ってみましょう。この一文からでも，前後の文脈を考慮し，次のような発問を作ることができます。

①What is Kevin Carter's job?
②When did Kevin Carter go to Sudan?
③Where did Kevin Carter go in 1993?
④Who went to Sudan in 1993?
⑤Why did Kevin Carter go to Sudan?

　一つの英文からでもこれだけの発問が作成可能である以上，上記のテキスト全体からはそれこそ数十の発問が作れます。しかし，上記の11個の発問にしろ，この5個の発問にしろ，いくつかの共通点があります。現職教員対象の研修会等で参加者に教材をもとにした作問をお願いすると，ほとんどこのような発問が参加者から返ってきます。その共通点とは，まず第一に，すべて特殊疑問文での発問となっている点です。発問の形式には①一般疑問文，②選択疑問文，③特殊疑問文の3種類が存在することは上で確認済みです。この発問形式の多様性を意識すると，先ほどの一文から，次のような追加発問も可能です。

①Did Kevin Carter go to Sudan in 1992?
②Did Kevin Carter go to Kenya in 1993?
③Did Kevin Carter go to Sudan to work as a doctor?

④Did Kevin Carter go to Sudan in 1992 or in 1993?
⑤Did Kevin Carter go to Sudan or to Kenya in 1993?
⑥Did Kevin Carter go to Sudan to work as a doctor or as a photographer?

　特殊疑問文で発問する利点は，これらの一般疑問文や選択疑問文の場合とは異なり，生徒は本文中の表現をなるべく多く使って答えなければならない点にあります。テキストの中の表現をなるべく多く使わせるという意図の下では，特殊疑問文での発問も効果的です。一方，一般疑問文の場合，生徒から出てくる英語は単に Yes. とか No. だけにとどまる可能性があります。なるべく多くのアウトプットを生徒から引き出すためには，必ずしも，適切とはいえません。特殊疑問文が選ばれる理由がそこにあります。

　しかし，生徒の中には，いきなり上記のような特殊疑問文で発問されると，答えに窮するものもいるはずです。その場合，速やかに選択疑問文や，一般疑問文に切り替える必要があります。たとえば，"Why did Kevin Carter go to Sudan?" という発問への回答が即座に出てこなかった場合，教師は臨機応変に発問を "Did Kevin Carter go to Sudan to work as a doctor or to work as a photographer?" という選択問題か，いっそのこと，"Did Kevin Carter go to Sudan to work as a photographer?" という一般疑問文に切り替えることが必要です。このように，生徒に発問する場合，教師は絶えず，他の発問形式も念頭に入れて置かなければならないのです。

　二つめの共通点は，いずれの場合もすべてがいわゆる display questions であるという点です。つまり，教師はあらかじめ質問の答えを知っているのです。よって，生徒からの正解に対しては，つい，Good！と答えてしまいます。display questions であるということは，ほとんどの場合，それらは発話内容の分類に従えば，factual questions でもあります。中には inferential questions とみなせるものも当然出てきますが，factual questions だけでは，単なる事実のやりとりに終始し，話の内容が味気なくなります。もっと，登場人物の感情や，生徒の経験や感情に関わる発問（personal questions）や内容の精査を要求する発問（inferential questions）を準備すれば，それだけ教材を媒介とした教室内インターラクションが密になります。その種の発問のほとんどは，ほぼ自動的に referential questions になっている場合が多く，生徒からのアウトプットも質

的にも量的にも充実してくることになります。その意味では，たとえば，次のような personal questions は，教科書教材に基づきながらも，生徒からの生のアウトプットを引き出す上で効果的です。

---
①Have you ever heard about Kevin Carter?
②Have you seen this picture before?
③Do you know where Sudan is?
④How did you feel when you saw this picture?
⑤Will you do the same if you come across the same situation?
⑥Would you like to visit Sudan some day?

　いずれも生徒からどんな答えが返ってくるのか，事前には分からない発問です。それだけ，教師にも生徒の回答を正確に聞き取るリスニング能力が必要になってきますが，アウトプット重視の観点からそれ以上に重要なのが，生徒の回答に対して即座に次なる関連発問をすることです。

Teacher : Have you seen this picture before?
Student : Yes, I have.
Teacher : When did you see it for the first time?
Student : When I was in the 7th grade.
Teacher : How did you feel when you saw it?
Student : I felt very sad.

Johnson (1982) は，コミュニケーションが成立するためには，当事者間にある種の doubt あるいは information gap が存在する必要があると述べていますが，この種の Q&A はまさに教師と学習者の間に存在する doubt の要素を最大限に生かした活動といえます。けっして，ゲームやタスクだけが information gap を生み出すものではありません。必要なのは，生徒から生の声を引き出すための教師の知的・情意的好奇心であるといえます。

(2) 自己投影型 Q&A ——傍観者から当事者へ——

　創造的 Q&A の一例として，まず，ここでは上で紹介した personal questions をさらに一歩進めた自己投影型 Q&A を紹介します。personal questions を含め，上で扱った発問においては，学習者はあくまで教材で取り扱われている事項の傍観者として位置づけられています。アウトプットを増やすという観点からすれば，学習者を出来事の当事者として位置づけた発問も必要です。冒頭で取り上げた教材を例に取るならば，個々の学習者に Kevin Carter になってもらうのです。もちろん，Kevin Carter 自身は，彼が撮影したハゲワシと少女の写真が雑誌に取り上げられて以来，「写真なんか撮らずに，なぜその少女を助けようとしなかったのか。」という批判に晒され，自ら命を絶ったと報じられており，その人物になりきるには少し想像力をたくましくしなければなりませんが，逆にいえば過去の人物だからこそ個々の生徒が思い思いにその人物と同一化することができるともいえます。その点は，さておいて，次のような発問をしてみましょう。

---

①When did you go to Sudan?
②Why did you go to Sudan?
③What did you see one day when you visited a local village?
④Why do you think she was lying on the ground?
⑤What did you do when the vulture appeared?
⑥What happened to the photo you took in Sudan?
⑦What prize did you win for the photo you took in Sudan?

これらの発問への回答はもちろん，生徒たちが Kevin Carter になりきっての回答であり，けっして生徒自らの自己表現ではありません。あくまで自己投影された回答です。ただ，次の対話を比較してみてください。

(A) *Teacher* : When did Kevin Carter go to Sudan?
　　Student : He went to Sudan in 1993.
(B) *Teacher* : When did you go to Sudan?
　　Student : I went to Sudan in 1993.

（A）が傍観者としての回答であり，（B）が当事者としての回答です。（B）の方が，教材をより身近に捉えるためには有効であろうし，回答の中で使用されている表現それ自体もより強固に内在化されると予測されますが，検証が必要です。その点はさておき，学習者を傍観者から当事者に変更するこの手法を使えば，次のような発問で生徒の創造性をくすぐることも可能になります。生徒からの回答は，必ずしも伝記的事実と合致していなくてもよしとします。

①Why did you decide to become a photographer?
②When did you decide to become a photographer?
③Why did you choose Sudan as a place to work as a photographer?
④How did you feel when you saw a girl lying on the ground?
⑤Didn't you feel you should save the child before you took pictures of her?
⑥What did you do after you took a picture of the girl with a vulture?
⑦How did you feel when your photo appeared in a magazine?
⑧How did you feel when you won the Pulitzer Prize?
⑨How much money did you get for the prize?
⑩What did you do with the money you got for the prize?
⑪Do you know where she lives now?

英語はけっして決まりきった表現をただ丸暗記するだけの教科ではないし，試験のためだけに存在しているものでもありません。この種の自己投影型の発問を通じて，英語も自分の創造性を遺憾なく発揮できる教科であることをぜひ生徒たちに伝えたいものです。

（3） 主体的 Q&A──回答者から質問者へ──

これまでの Q&A は，教師が質問し，生徒が答えるという点では，依然伝統的な Q&A に留まっているといえます。この種の Q&A ばかり続けていると，学習者はいつも発問に答える側に立つことになり，必ずしも学習指導要領が謳っている「積極的にコミュニケーションを図ろうとする態度」の育成にはつながりません。実社会でのコミュニケーションは，話し手と聞き手が随時入れ替わるきわめてダイナミックな活動です。しかし，以前から，日本人のコミュ

ニケーションは，相手の質問に答えることに終始し，きわめて受け身的であることが指摘されてきました。自ら積極的に質問して，会話を盛り上げようとする姿勢が乏しいとよくいわれます。日本人の受け身的な言語行動の特性がその理由としてしばしば挙げられますが，一つには英語での質問に慣れていないことも大いに関係していると思われます。そして，その背後には，自分たちが受けてきた学校教育の中では，自らが当事者として積極的に質問する側にまわることがきわめて少なかったという事実も存在しています。

　そこで，生徒たちに自ら積極的に発問させてみましょう。自己投影型 Q&A で取り上げた発問を，教師が行う代わりに，生徒たちにさせてみるのです。今度は教師がその発問に答える側に立たされることになります。

①Why did you decide to become a photographer?
②When did you decide to become a photographer?
③Why did you choose Sudan as a place to work as a photographer?
④How did you feel when you saw a girl lying on the ground?
⑤Didn't you feel you should save the child before you took pictures of her?
⑥What did you do after you took a picture of the girl with a vulture?
⑦How did you feel when your photo appeared in a magazine?
⑧How did you feel when you won the Pulitzer Prize?
⑨How much money did you get for the prize?
⑩What did you do with the money you got for the prize?
⑪Do you know where she lives now?

　これらの生徒からの発問に対して，教師は使用する言語表現にも配慮しながら創造的に答えていく必要があります。その創造的な答えは，以下の例が示すように，生徒たちにとって格好の comprehensible input になります。

Student: Didn't you feel you should save the child before you took pictures of her?
Teacher: Actually, yes, I did. I wanted to save the child. But at the same time, I thought I should let the world know this situation in Sudan.

> As a photographer, I thought it is more important for me to take the picture of her with the vulture and show it to the world. That way, I thought people in the world would pay more attention to the sad situation in Sudan.

　もし，ALT が授業に参加できる状態であれば，ぜひ，ALT に Kevin Carter 役を演じてもらうように依頼してみてください。教員研修会でこの手法を何度も試してみましたが，協力してくれた ALT はいずれも，フロアからの厳しい質問にも，創造性豊かに，時にはユーモアも交えながら答えてくれました。ALT がその真骨頂を発揮できる場面でもあります。

　いずれにしても，この主体的 Q&A 活動を通して，学習者は英語での質問の仕方を学ぶとともに，教師からの内容豊かな comprehensible input に晒されることになります。加えて，本教材をすでに故人となった異国の写真ジャーナリストの話としてではなく，自分自身の問題として身近に捉えるようになり，教材と学習者の間の心理的距離が確実に短縮されます。

(4) 生徒間での主体的 Q&A

　さて，主体的 Q&A を通して，英語で質問することに慣れたならば，いよいよ創造的 Q&A の最終段階である生徒同士での主体的 Q&A へと移行していくことになります。Kevin Carter へのインタビューという設定で，二人一組でのペア活動として Q&A を実施します。具体的には，質問する側の生徒がインタビュアーの役を，答える側の生徒が Kevin Carter の役を演じることになります。この最終段階でインタビュアーの生徒が質問を続けるためには，かつまた，Kevin Carter 役の生徒がそれらの質問に的確に，かつ，創造性を働かせながら答えるためには，やはり，この前の段階の主体的 Q&A での他の生徒たちの質問ぶりや教師の回答ぶりにも注意しておく必要があります。

　生徒間で行う主体的 Q&A をスムーズに行うためには，まずは，基本的な情報のやりとりを引き出す display questions から始め，徐々に referential questions や personal questions へと移行していきます。最初は，前段階で耳にした発問を使いながら，適宜，独自の質問も交えるように指示してみてください。できれば，時間設定をし，途中で役割を交代させます。隣同士での Q&A が済

めば，今度は机の前後でこの主体的 Q&A を行い，さらに時間があれば，斜め後ろ（斜め前）の生徒と Q&A を行います。同じ質問でも，相手が代わる度に異なった返答が返ってくるし，質問の形式や内容も変化してくるので，限られた時間内に，以下の対話例が示すように，実に活発な Q&A が展開されることになります[2]。内容的には事実にそぐわない部分も含まれています。

Student₁: When did you go to Sudan?
Student₂: I went there in 1993.
Student₁: Was it your first visit to Sudan?
Student₂: Yes, it was. I wanted to visit Sudan for a long time.
Student₁: You are a photographer, right. Why did you decide to become a photographer?
Student₂: Well, to tell you the truth, I can't remember when I decided to be a photographer. My father liked taking pictures very much. Several cameras were always around me. So I started taking pictures even when I was still a small boy.
Student₁: Why did you choose Sudan as a place to work as a photographer?
Student₂: As you know, Sudan is a country with great promise. But it also has great problems. Its people have suffered from war and hunger. I wanted the world to know this fact.
Student₁: How did you feel when you saw a girl lying on the ground, and also a vulture watching her from behind?
Student₂: I thought I should save the child, so I picked up a stone and tried to throw it at the vulture. But at the same time I thought I should let the world know this situation in Sudan. As a photographer, I thought it is more important for me to take the picture of her with the vulture and show it to the world. That way, I thought people in the world would pay more attention to the sad situation in Sudan.
Student₁: How did you feel when your picture appeared in a magazine?
Student₂: I felt very proud of it. But at the same time I wonder what happened to that poor girl. Soon after I took that photo, I took her to a

> nearby hospital and asked the doctor there to take care of her. Then I had to leave Sudan, so I don't know what happened to the girl at the hospital. I don't know whether she is still living or not.
>
> Student$_1$: I think you received some money for the Pulitzer Prize. What did you do with the money?
>
> Student$_2$: I donated that money to the International Red Cross and asked them to use the money for poor people in Sudan.

　もちろん，実際にはこんなふうには会話は進まないと思いますが，仮にずっと短くても，この種の活動を継続的に続けていけば，日本人英語学習者のスピーキング能力の改善に大きく貢献できると思われます。

　この主体的 Q&A で利用した教科書教材は，どちらかといえばリーディングのための教材です。もし，ここで取り上げたような創造的な Q&A を行わなければ，ひたすら内容を日本語で確認して終わりという味気ない授業になってしまう可能性があります。その際のリーディングもどちらかといえば，きわめて受け身的なリーディングに留まってしまいます。Zaher (1987) も述べているように，リーディング自体をアクティブにするためには，ここで紹介したような主体的 Q&A も有効な手段となります。加えて，内容理解に重点が置かれがちなリーディング教材からも，教師の側で少し工夫するだけで，実に多種・多様で多量なアウトプットを生徒から引き出すことも可能になる点を強調したいと思います。

3　まとめ

　最後に，本章で紹介した創造的 Q&A のメリットを簡単にまとめておきます。結論から先にいえば，①Q&A の真実性 (authenticity) の向上，②教材と学習者の間の心理的距離の短縮，③英語での質問スキルの向上，④生徒からのアウトプットの誘発，という4点でそのメリットが認められます。

　第一のメリットは，Q&A の真実性を上げるという点です。知識の伝授が学校教育のパラダイムを形成していた頃の外国語教育においては，Q&A は，もっぱら，教師が学習者に示した知識を学習者がどの程度理解したかを確認す

る手段として行われていました。その種のQ&Aにおいては，発問に対する答えの内容そのものよりも，学習者からの答えが当初予定されていた答えにどの程度接近しているのかが，教師にとって最大の関心事でした。その意味では，教師は自分が知りたいことを知るために発問しているのではありません。自分が準備している答えがどれだけ正確に再生できるかを確認しているだけなのです。よって，上で触れた display questions が中心になります。一方，創造的Q&Aにおいては，ある程度の脚色は不可避であるものの，本来のコミュニケーションのように，相手から返ってくる答えがあらかじめ完全に予想できるわけではありません。発問者と回答者の間には，コミュニケーションを誘発するdoubtの要素が存在しており，その存在がQ&Aの真実性を引き上げているといえます。より具体的には，理解確認型のQ&Aでは次のようなやりとりが典型的です。

Teacher: When did Kevin Carter go to Sudan?
Student: He went to Sudan in 1993.
Teacher: Good.

このやりとりがいみじくも示しているように，理解確認型のQ&Aでは教室トークに特徴的に観察される IRF（initiation-response-feedback）サイクルがかたくなに堅持されています。一方，創造的Q&Aにおいては次のようなやりとりが交わされます。

Teacher: Have you seen this picture before?
Student: Yes, I did. I saw it when I was in the 7th grade.
Teacher: How did you feel when you saw it for the first time?
Student: I felt very sad. I felt I should do something for those children.

このやりとりが示しているように，創造的Q&Aでは発問者は知らない情報を手に入れるために発問しており，けっして回答者の理解度を確かめるために質問をしているわけではありません。
　創造的Q&Aの二つめのメリットは，教材と学習者の間の心理的距離を縮め

る点にあります。本章で取り上げた教科書教材は，南アフリカ共和国出身の写真ジャーナリストであるKevin Carterと彼がスーダンで撮影した一枚の写真を紹介する内容となっています。ハゲワシが空腹のあまり動けなくなった幼い少女を背後からねらっているこの写真は，実にショッキングではあるが，すべての面で満ち足りた生活にどっぷり浸かっている日本の生徒たちには，基本的には，自分とは直接関係ないどこか遠くの国で起こっている悲しい出来事の一つにすぎません。Kevin Carter自身も，日本との接点が薄い南アフリカ共和国出身の写真ジャーナリストであり，すでに，1994年に他界した過去の人物です。その意味で，このままでは，本教材と生徒たちとの間の心理的距離はかなり遠いといわざるをえません。その心理的に遠く離れた教材に対して，単に理解の度合いを確認するための伝統的な発問を繰り返しているだけでは，もともとこの種の問題に関心をもっている生徒の場合は別として，たいがい，教材と学習者の間の距離はいっこうに短くはなりません。しかし，教師からの質問に当事者（この場合はKevin Carter）になりきって答えたり，生徒同士で，当事者へのインタビューを行うという活動を行えば，その心理的距離はかなり短縮が可能になります。それだけ，教材が身近に感じられるようになり，当初は日本から遠く離れたアフリカでの悲しい出来事という印象しかもちえなかった生徒たちが，スーダンの窮状を自身の問題として捉え，日本に住む人間として何ができるのか，考えるきっかけになると思います。

　創造的Q&Aの三つめのメリットは，従来の回答者から発問者の側に廻ることによって，生徒自身が質問文を考えて作らなければならなくなる点にあります。中学生の間での基本構文の定着度を調査した研究（Ito, 1992；Ito $et\ al.$, 1994；Nishihara & Ito, 2008など）によれば，同一の基本構文であっても，その疑問文は平叙文や否定文と比較して一段とその定着度が低くなる傾向があります。すなわち，基本構文それ自体が定着していない段階では，語順の入れ替えを伴う構文の産出は学習者にとってきわめて抵抗の大きい作業になっているようです。丸ごと覚えている疑問文は比較的容易に再生されますが，教科書で扱われていない組み合わせでの疑問文となると，一段とその定着度が低くなります。英語の疑問文それ自体の難しさがその主たる原因になっていることは間違いありませんが，そもそも疑問文を実際の会話で使ってみる機会が総じて少ないこともその原因になっていると思われます。その意味でも，生徒による発

問に大きく依存する創造的 Q&A では，生徒は否応なしに，しかもリアルタイムで英語での疑問文を自ら作らなければならず，それだけ英語での質問に必要とされるスキルの向上に大いに貢献できると考えられます。

　創造的 Q&A の四つめのメリットは，アウトプット中心の英語教育の構築を願うわれわれが最も大切にしたいメリットです。つまり，発問を発したり，発問に答える形で，学習者は多量かつ多様なアウトプットを発することになります。ここで取り上げた教科書教材を，あくまでリーディング指導のための教材として利用するのであれば，生徒の活動はきわめて受け身的で，下手をすると最後の最後まで自分で英文を構成する形のアウトプットは一度も発しないまま，授業が終わってしまう可能性もあります。授業は静かに進み，一見それなりの成果は達成できたようにも思えますが，実践的コミュニケーション能力，とりわけ，オーラル・コミュニケーション能力を育成するという観点からは，不十分といわざるをえません。創造的 Q&A はその点を補う貴重な指導法であり，発問授業の重要な柱として位置づけられるべきだと思います。

〈注〉

(1) 中学校用英語教科書 *New Crown English Series*（三省堂，平成 18 年度版），Book 3, pp.62–63.
(2) この対話例は，筆者の大学での英語科指導法の授業で学生から提出された課題に基づいて作成されたものです。

第4章
教科書教材の加工と活用

1 指導の背景

(1) 教科書の重要性

　もちろん，自分はなるべく教科書は使わずに授業をしているという先生方もいらっしゃると思います。でも，多くの場合，英語の授業は教科書をベースとして展開されているのも事実であり，それ自体，けっして間違っていないと思います。では，なぜ教科書が英語の授業にとってそれほど大切なのでしょうか。筆者は以下の六つの点で教科書の重要性を認識しています。

　　①有用でかつ重要なインプットの提供
　　②組織的文法学習を保障
　　③教室内・外での学習の基盤（scaffold）を提供
　　④教師による教材開発の基盤を提供
　　⑤教室内コミュニケーションの触媒（catalyst）
　　⑥教師の個性の表出（個性に応じた使い方）

まず第一に，日々の教室での授業も自宅での予習・復習も，基本的には教科書教材を中心に行われており，教科書教材が学習者にとって最も有用でかつ重要なインプットになっていることは間違いありません。高校入試のために教科書を丸暗記する生徒，それを勧める教師の存在は如実にそのことを物語っています。第二に，教科書を執筆する側にとっては，中学校や高等学校で教えられる文法項目をどのように配列するかという問題は避けて通れない問題です。編集に際しても一番気を遣うのも（特に中学校の場合），この文法項目の扱いです。配列に当たっては，なるべく組織的・体系的に文法の学習ができることが最優先されます。よって，教師は教科書をもとに教えていれば，かなりの程度

組織的な文法学習を学習者に保障することができます。第三に，教科書は生徒にとって教室内・外での学習の基盤となります。特に，英語が苦手な生徒の場合，いったいどこから手を付けたらよいのか分からないという問題に直面します。その場合，多くの教師は「まずは教科書をしっかり理解するように」というアドバイスを与えます。経験の浅い教師にとっては，教科書が指導の一番重要な柱になります。ただ，実践的コミュニケーション能力を付けるため，あるいは「英語が使える」日本人を育成するためには，教科書での学習だけでは不十分であることも事実です。教科書を基盤としながらも，その応用を考えていかなければなりません。ただその際も，教科書教材が最も重要な足場（scaffold）になることは間違いありません。

そのことと連動して，教師には教科書に含まれている対話や練習問題をそのままこなすだけでなく，それをもとにさまざまな手作り教材を作成することが求められています。その教師による教材作りの基盤を，教科書が提供してくれます。もちろん，教科書教材とは直接関係のない手作り教材が学習者に提供される場合もありますが，学習とは一般に未習事項の学習を契機とした既習事項の再構成と定義されることを踏まえるならば，なるべく教科書教材を基盤として応用・発展教材の作成に励みたいものです。

また，すでに上で触れたように，教科書を媒介としない教師・学習者間インタラクション（たとえば身近な話題についてのQ&A）も存在し，その存在価値も認められますが，それを体系的に実現することは必ずしも容易ではありません。教師の側にかなりの即興性と創造性と高度な英語運用能力が必要とされます。学習者にとっても同じことです。よって，まずは教科書教材に即してQ&Aを実施する方が教師にとっても学習者にとってもはるかに容易であり，かつ，継続的な取り組みも可能です。その意味でも，教科書教材は英語授業に必要な教師・学習者間インタラクションの触媒として機能することになります。

最後に，教科書それ自体は全国全く内容は同じです。それを指導書（これも全国共通）に書かれているとおり指導していると，画一的な授業を展開することになります。さらに，指導書に書かれている指導法が担当教師の性格や指導法にマッチしていない可能性も十分あります。教師は十人十色です。あくまで自分の性格や指導法にマッチした形で教科書を使うべきでしょう。その使い方

にはよって，つまり，全国画一的な教科書教材のアレンジの仕方によって，個々の教師は自己の個性を発揮することになります。

(2) 教科書編集プロセスを参考に加工を考える

一口に教科書を加工するといっても，具体的にどう加工するのかが問題です。まさに，「言うは易く行うは難し」です。ここでは，加工のヒントを教科書編集プロセスに求めることにします。筆者自身，長年教科書執筆の仕事に関わっていますが，新しい教科書を作成する場合，基本的方針を決定の後，まず，最初に行わなければならないのが，各レッスンの基となる素材を発掘することです。教科書の善し悪しがこの素材の善し悪しでかなりの部分決定されてしまうからです。しかし，よい素材が見つかっても，多くの場合，語彙や構文の関係でそのまま教材として採用するわけにはいきません。使用学年を念頭に入れながら，その素材を加工することになります。次の図は，そのような標準的な教科書作成プロセスを示しています。

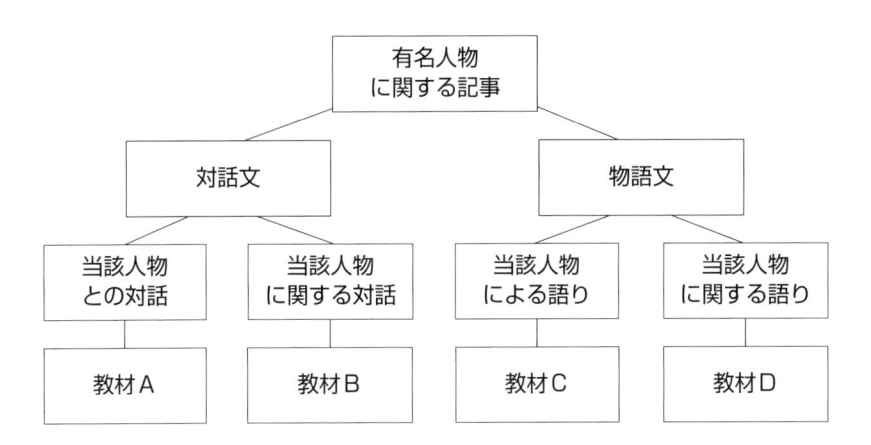

```
                    有名人物
                    に関する記事
                   /            \
              対話文              物語文
             /      \            /      \
      当該人物    当該人物    当該人物    当該人物
      との対話    に関する対話  による語り   に関する語り
         |          |          |          |
       教材A       教材B       教材C       教材D
```

ここでは，ある有名人物についての素材が見つかったと仮定します。まず執筆者が判断しなければならないことは，その素材を対話文として活用するか，物語文として活用するかです。仮に，対話文として活用すると決定しても，さらに，それを当該人物との対話にするのか，あるいは，当該人物についての対話にするのか，判断しなければなりません。それによって最終的な教材の持ち味もかなり異なってきます。

今度は，素材を物語文として活用することに決定した場合を考えてみましょう。この場合も，対話文の場合と同様，当該人物による語りにするのか，当該人物についての語りにするのか，判断が求められます。最終的には，一つの素材から，教材A〜Dという性格の異なる4種類の教材ができあがる可能性があります。もちろん，最終的にはA〜Dのうち，一つだけが教科書に採用されることになります。しかし，教える側としては，特に教科書教材の加工と活用を考える場合は，教科書に採用された教材の背後にいつも残りの三つの教材が使用されずに残っていることを意識することが肝心です。

2　指導の実際

（1）　対話文を物語文に変換

　教科書教材を加工しようとする場合，まず考えられるのが，上に挙げた4種類の教材間の加工です。教材の談話モードの変換ともいえます。ここでは，まず，対話文を物語文に加工する活動に焦点を当ててみましょう。次に示す教材は，日本の中学生が学校新聞に載せる記事のために，日本にやってきた留学生にインタビューをしている教材です。上に挙げた4種類の教材A〜Dでいえば，この教材は教材Aに相当します[1]。

```
      Ken :  Thank you very much for this interview, Ms Kileo.
  Ms Kileo :  I'm glad to talk with you.
      Ken :  May I ask you a few questions?
  Ms Kileo :  Of course.
      Ken :  When did you come to Japan?
  Ms Kileo :  In 2002. I have lived in this town since 2003.
      Ken :  So you have been in this town for several years. How do you
              feel about your life here?
  Ms Kileo :  I like it. The people are very kind.
      Ken :  You're from Tanzania, aren't you?
  Ms Kileo :  Yes. My country has great lakes, huge animal parks and Mt Kili-
              manjaro.
```

Ken :	It sounds beautiful. What are you doing in Japan?
Ms Kileo :	I'm studying biotechnology. I want to make better crops for the farmers of Tanzania.
Ken :	Have you studied it for a long time?
Ms Kileo :	Yes, I have. For eight years.

　この教材 A を教材 D に変換する活動を学習者に課してみましょう。具体的には，次のような発問を提示することになります。

Teacher　：Why is Ken talking with Ms Kileo?
Student A : He is interviewing Ms Kileo for the school newspaper.
Teacher　：Good. Then what is Ken going to do after he finishes this interview?
Student B : He is going to go back to his school and write an article for the school newspaper, introducing Ms Kileo to the readers.
Teacher　：Good. So now you are Ken. Please write the article introducing Ms Kileo to the readers.

　要するに，生徒たちは Ken になりきって，学校新聞のために Ms Kileo を読者に紹介する記事を書くことになるのです。その場合の手がかりとなるのが，以下のような設問です。

---

①When did Ms Kileo come to Japan?
②How long has she lived in Ken's town?
③Where is she from?
④What is her country like?
⑤What is she studying in Japan?
⑥Why is she studying in Japan?
⑦How long has she studied her subject?
⑧How does she like her life in Japan?
⑨What does she think of Japanese people?

もちろん，この種の設問を生徒たち自身に考えさせても構いません。また，ペアあるいはグループでの作業にしてもよいでしょう。そのあたりはクラスの状況を考慮しながら，適宜判断することになります。この活動の基本は，生徒たちに無意識のうちに教材 A を教材 D に変換させることであり，そのことによってより多くのアウトプットを生徒たちから引き出すことにあります。生徒たちはもともとの対話教材に含まれている情報をどの順番に並べるのが最も適切か判断しなければなりません。最終的には，Ms Kileo を紹介するパラグラフが完成します。コミュニカティブ・アプローチの指導原理である information transfer（Johnson, 1982）が組み込まれた活動であり，単なる繰り返しよりもコミュニケーションに近い活動になります。

（2） 物語文を対話文に変換

　今度は，物語文を対話文に変換する活動です。教材 D を教材 A に変換する作業です。以下に示すのは，地雷撤廃運動家として知られている Chris Moon の生き方を示した物語文です[2]。

　Bang!! A landmine exploded. He flew into the air. A moment later, he was on the ground. The armor that he was wearing saved his life. However, his arm was really injured. He felt no pain, but when he looked down, his leg was gone.

　Chris Moon stepped on that landmine in 1995. This was an experience which he can never forget. It changed his life.

　Being sad wasn't his style. Chris Moon started to run on an artificial leg. Although it wasn't easy, he worked hard.

　In 1996 he took part in the London Marathon. He wanted to start a fund which would help children injured by landmines.

　ここでは，生徒たちが Chris Moon 自身にインタビューを行うという設定にします。上記の会話文を物語文に変換する活動の逆パターンです。以下に示すのは，上の物語文から作成される対話文の一例です。生徒に要求する前に，教師自身がまずトライしてみましょう。

Student :	Thank you very much for this interview, Mr. Moon.
Moon :	It is my pleasure.
Student :	May I ask you a few questions?
Moon :	Of course.
Student :	Thank you. I'm sure you have been asked this question so many times, but do you mind telling us when, where and how you lost your leg and arm?
Moon :	No, not at all. I lost them in Mozanbeek in 1995.
Student :	What happened?
Moon :	I stepped on a landmine by accident.
Student :	Do you remember that accident well?
Moon :	Yes, I do. First I heard a big noise. The next moment, I was lying on the ground.
Student :	I hear that landmines often kill people, but fortunately you were not killed.
Moon :	Yes, I was wearing an armor and that saved my life.
Student :	Did you feel any pain at that moment?
Moon :	I felt great pain in my arm. It was seriously damaged, but I didn't feel any pain in my legs. When I looked down, one of my legs was gone.
Student :	I'm sure it is very difficult to run in an artificial leg. Why did you decide to run after you lost your leg?
Moon :	Digging out landmines was my job. It costs a lot. So I decided to run and raise money to help people dig out landmines. There are many ways to help people dig out landmines. I hope you can find your own way to help to erase all the landmines from the world.
Student :	I will try. Thank you very much, Mr. Moon, for this nice talk.
Moon :	I also enjoyed talking with you. Good luck.

　この活動は，後の第8章で紹介する会話作文につながる活動です。英語を話すことが苦手な日本人学習者にはぜひとも必要な活動です。教師自身の英語

力を維持する上でも有用です。筆者自身，仕事柄よく海外に出かけて教育関係者とインタビューをする機会がありますが，インタビューに先立ってこの種のシナリオを考えておくと，そのインタビューも成功する可能性が一段と高くなります。とにかく，インタビューで質問に窮することが少なくなります。

　生徒たちにこの種の書き換えを求める代わりに，教師の方で前もって対話文を作成し，本文を使った別の活動を生み出すことも可能です。次に示すのは，Stevie Wonder の人生を紹介した教材（教材 D）です[3]。これをどう料理するか，教師の腕の見せ所です。

　Stevie Wonder is an African-American musician who is known to everyone. But he is more than just a musician.

　Stevie was born in 1950. He soon lost his eyesight. When he was a little boy, Stevie often enjoyed listening to music on the radio. He used spoons to keep rhythm with the music. He became very good at playing the drums, the piano and so on. People who listened to his music were amazed.

　When he was thirteen years old, Stevie made his first album. This made him a big star. After that, he had hit after hit. Stevie continued to make a lot of songs which touched people around the world.

　In 1973, Stevie had a car accident and almost died. This experience changed his life. He decided to help others who have difficulties. He began to work for them through his music.

Stevie Wonder の生い立ちを綴った文章で，これ自体生徒たちにとって十分なインパクトが備わっているといえます。しかし，基本的には第三者についての記事であることには変わりありません。その文章を単に読んで訳して終わりでは，あまりにももったいない。生徒たちにとってより身近な教材にしながら，その中で使われている言語材料を生徒たちにも使ってもらうための活動にするためには，つまり，リーディングをよりアクティブにするにはどうすればよいか。その一つの解決策として，以下のような活動を考えてみました。本文を参照しながら，対話文中の空白に適当な語彙を補う活動です。

Interview with Stevie Wonder

Interviewer : We have a special guest today, Stevie Wonder. He is an African-American musician who is (k   ) (t   ) (e   ). But he is (m   ) (t   ) (j   ) a musician. Thank you very much for coming to our talk show.

Wonder : It's my pleasure.

I : First of all, how should I call you?

W : Please (c   ) (m   ) (S   ).

I : OK, Stevie, when were you born?

W : I (w   ) (b   ) (i   ) 1950.

I : When did you (l   ) (y   ) (e   ), Stevie?

W : Soon after I was born.

I : I see. Then what did (y   ) (e   ) (m   ) when you were a little boy?

W : I usually enjoyed (l   ) (t   ) (m   ) on the radio. I used spoons to keep rhythm with the music. I became very (g   ) (a   ) (p   ) the drums, the piano and so on.

I : Did people around you enjoy your music?

W : Yes, (p   ) (w   ) (l   ) to my music were amazed.

I : When did you make (y   ) (f   ) (a   )?

W : When I was thirteen years old. This made me a big star. After that, I had (h   ) (a   ) (h   ).

I : Yes, you made a lot of songs (w   ) (t   ) (p   ) around the world. Then you had a car accident, right?

W : Yes, that was in 1973, and I almost died. This experience (c   ) (m   ) (w   ) of thinking.

I : How?

W : I decided to help others (w   ) (h   ) (d   ). I began to help them through my music.

I : Well, thank you very much, Stevie. We really (e   ) (l   ) (t   )

> your story.
> W: It was my pleasure.

　基本的には，空所補充問題ですが，本文を注意深く読まなければなりません。受け身的なリーディングから一歩抜け出すための活動となります。場合によっては，スキットやトークショウ，放送劇に発展させることも可能です。普段の授業ではとてもそんな時間的ゆとりはないと思われるかもしれませんが，教室での学習を通して生徒たちの英語運用能力を高めるためにはきわめて有効な手段だと思われます。なんとか工夫して実現させたいものです。

(3)　学習者に選択権を与える

　コミュニカティブ・アプローチ（CLT）の基本原理として，筆者は，①形式だけでなく意味も重視すること，②学習者との関わりを追求すること，③学習者に選択権を付与することの三つを考えています。ここでは，③の基本原理に着目し，本文を加工して学習者に選択権を付与する活動を紹介します。次に示すのは，教科書によく取り上げられる買物場面での会話です[4]。

店員	: May I help you?
ジュディ	: Yes, please. I'm looking for a sweater.
店員	: What color are you looking for?
ジュディ	: Something dark.
店員	: How about this green one?
ジュディ	: I like the color. But it's too small for me.
店員	: Shall I show you a bigger one?
ジュディ	: Yes, please. Oh, this is nice. How much is it?
店員	: It's 5,000 yen.
ジュディ	: OK. I'll take it.

　実際の授業では，この会話文を丸暗記し，スキットの形で発表するという活動がよく行われます。しかし，みんながみんな同じスキットを演じるだけでは聞く方も新鮮味がなく，退屈になります。そこで，この対話文の中で置き換え

可能な部分を探してみましょう。すると，以下のような部分が置き換え可能な候補として浮かんできます。

店員　　：May I help you?
ジュディ：Yes, please. I'm looking for a (sweater).
店員　　：What (color) are you looking for?
ジュディ：Something (dark).
店員　　：How about this (green) one?
ジュディ：I like the (color). But it's too (small) for me.
店員　　：Shall I show you a (bigger) one?
ジュディ：Yes, please. Oh, this is nice. How much is it?
店員　　：It's (5,000) yen.
ジュディ：OK. I'll take it.

　たった一つの短い対話文においてもこれだけ置き換え可能な部分が存在しています。ここに示されているのは一例にすぎませんが，この置き換え部分に別な表現を補ってスキットを行うと，実に多様な会話文が生まれてきます。スキットを見ている生徒たちにとっても，対話がどんなふうに続くのか，予想がつかず，それだけ真剣に耳を傾けることになります。生徒たち自身に置き換え候補を考えさせることも可能だし，場合によっては，あらかじめ教師の方でリストを提示し，その中から自分たちが気に入った候補を選択する活動にしてもよいと思います。

（4）　教材の拡張を図る

　教科書を作成する段階で作成した対話文は，たいがい長すぎて，個々のセンテンスを短くしたり，余分なセンテンスを削除したり，対話そのものを途中でカットしたりしなければならないことがよくあります。教科書作成にはさまざまな制約があり，このことはある程度仕方のないことなのです。しかし，考え方によっては，まさにこの中に教材を加工するヒントが含まれているといえます。つまり，編集過程で削除されたと思われる要素を補っていけばよいのです。上記の対話文を例に取るならば，次のような補足が可能です。

店員	: May I help you?
ジュディ	: Yes, please. I'm looking for a sweater.
店員	: ［だれのためのものか尋ねる］
ジュディ	: ［自分自身のものだと答える］
店員	: What color are you looking for?
ジュディ	: Something dark. ［その理由を述べる］
店員	: How about this green one？［その色を勧める理由を述べる］
ジュディ	: ［試着してもよいかどうか尋ねる］
店員	: ［もちろん可能と答える］［試着室の場所を伝える］
ジュディ	: ［礼を言う］［すぐに戻ると伝える］

　教科書に載っている短い対話も少し想像力をたくましくすれば，こんな具合に長くなります。日常の買物場面により近づくことになるし，何よりも生徒たちによるアウトプットを増やすことにつながります。教科書の対話をそのまま受け入れるのでなく，ちょっとした工夫でもって多様で豊富な対話が可能になることをまず教師自身が理解する必要があります。

　そこで，今度は，対話を別な方法で長くする方法を考えてみましょう。次に示すのは，中学生の Shin が自宅にホームステイしている Ellen を落語に誘う場面です[5]。

Shin	: What do you want to do this weekend?
Ellen	: It's hard to decide. Any ideas?
Shin	: How about going to *rakugo*?
Ellen	: Well, it's difficult for me to understand Japanese.
Shin	: Don't worry. This *rakugo* is in English.
Ellen	: Great! Let's go.

　おそらく元の対話文はもっと長かったと思われます。なぜならば，このままでは二人とも落語に行けないからです。落語が週末にあることは分かっていますが，週末といっても金曜日の夕方から日曜日の夕方までの可能性があります。よって，出かける曜日を決定しなければなりません。さらに，出かけると

なると，何時に自宅を出て，どんな方法で落語が開催される会場に行くのかも決定する必要があります。しかも，二人だけで行くのか，だれかほかの人も誘うのか，落語が終わった後の予定も決定する必要があるでしょう。それらを盛り込んでいくと，ずいぶん長い対話が生まれてきます。

Shin : What do you want to do this weekend?

Ellen : It's hard to decide. Any ideas?

Shin : How about going to *rakugo*?

Ellen : Well, it's difficult for me to understand Japanese.

Shin : Don't worry. This *rakugo* is in English.

Ellen : Great! Let's go.

Shin : This *rakugo* is held on Saturday and Sunday at the City Auditorium. Which day is better for you?

Ellen : How about Sunday?

Shin : Sure. That is good for me, too.

Ellen : What time does *rakugo* start?

Shin : It starts at 2 : 30 in the afternoon. So we have to leave here at 12 : 30 at the latest.

Ellen : Are we going to eat lunch before we leave home?

Shin : If you don't mind, we can eat at a fast food restaurant near the Auditorium.

Ellen : I like that. Is anybody else coming with us?

Shin : Kenji is coming with us. We'll meet him at the restaurant. Is that OK?

Ellen : Sure. He is a nice guy. By the way, how long is this *rakugo*?

Shin : It will be over at 4 o'clock. So we can come back home in time for dinner.

Ellen : Great! I'm looking forward to this *rakugo* very much.

このように，教科書の分量の制限された対話文も少し工夫すれば，より生き生きとした対話文に変身する可能性を秘めています。教科書の対話文を暗記す

ることにもそれなりの価値があると思われますが、ここで紹介した手法で加工することによって、より豊かな言語活動も可能になることをぜひ押さえておきたいと思います。素っ気ない対話も、ちょっとした工夫で生き生きとしたスキットへと発展する可能性が秘められているからです。

さて、教材の拡張を図る手法は、対話文だけでなく、練習問題にも適応できます。その回答にプラス1を求めるのです。そのプラス1が練習問題をさらに生き生きした会話へ変身させてくれます。たとえば、次に示す練習問題は、与えられた四つの絵から一つの絵を選び、会話を完成する問題です。

A: What do you do in your free time?
B: I enjoy playing tennis.

教師が絵を指定してしまえば、単なる絵を使った文型練習に終始してしまいます。学習者に好きな絵を選ばせるだけで、CLTの3原則（p.60参照）の一つである「選択権の付与」の原則を取り入れることになり、形式的な文型練習から一歩抜け出すことになります。しかし、アウトプットを増やすという観点からは、この段階で満足するわけにはいきません。ぜひ、生徒に自分の好きな絵を選んで回答する場合に、もう一文付け加えるように指示してください。一見味気ない練習問題も生徒の生活に根ざした生き生きとした会話に変身します。

① *A*: What do you do in your free time?
　B: I enjoy playing tennis. I often play tennis on Sundays.
② *A*: What do you do in your free time?
　B: I enjoy walking in the park. I like watching birds in the trees.
③ *A*: What do you do in your free time?

> ④ *A :* What do you do in your free time?
> *B :* I enjoy reading books. I like detective stories very much.
> ④ *A :* What do you do in your free time?
> *B :* I enjoy playing computer games. My mother is not so happy.

　ここにも，CLT の 3 原則の一つである「生徒の生活に立脚」という原則が取り入れられており，回答する生徒だけでなく，その会話を聞いている他の生徒にとっても意味のある活動になります。生徒から発せられる回答によっては，歓声が沸き起こることもあります。

　練習問題で交わされる対話を拡張するもう一つの方法は，例題通りの型にはまったやりとりが終わった後に，教師が間髪入れずに追加質問をする方法です。上で紹介した練習問題を再び例にとってみましょう。今度は生徒に追加の一文を求める代わりに，教師の方から追加の質問を行い，会話を長くする方法です。

> ① *A :* What do you do in your free time?
> 　*B :* I enjoy playing tennis.
> 　*A :* Who do you play tennis with?
> 　*B :* I play with my father. He is a very good player.
> ② *A :* What do you do in your free time?
> 　*B :* I enjoy walking in the park.
> 　*A :* How long do you walk in the park?
> 　*B :* I usually walk for one hour. I try to find birds in the trees.
> ③ *A :* What do you do in your free time?
> 　*B :* I enjoy reading books.
> 　*A :* What kinds of books do you enjoy reading?
> 　*B :* I enjoy reading fantasy stories most. *Harry Potter* is my favorite.
> ④ *A :* What do you do in your free time?
> 　*B :* I enjoy playing computer games.
> 　*A :* Do you play games alone?
> 　*B :* No, I usually play with my brother. He is good at playing games.

この練習の要は，教師による間髪入れない追加質問です。そのためには，教師の側に生徒の聞き取りにくい発話を正確に聞き取り，即座に気の利いた質問をする力量が求められます。日頃から会話能力を高める努力が教師に求められる所以です。

(5)　挿絵・写真を活用する

　教科書本文だけでなく，本文に添えられている挿絵や写真，グラフなども，生徒からアウトプットを引き出すための貴重な資源となりうることがあります。本来は，本文の理解を助ける目的で添えられている場合が大半ですが，挿絵や写真に関するQ&Aを通して，生徒からなるべく多くのアウトプットを引き出すことができます。形式的には，挿絵・写真・グラフに含まれる内容を音声または文字で言語化する活動となりますが，英検など，英語習熟度テストでも多用されている形式です。アウトプットを測定する手段は，通常，アウトプットを育成する手段にもなります。そこで，この活動にふさわしい挿絵・写真・グラフ等を教科書から探すことになるのですが，幸い最近の教科書はビジュアル化しており，この種の挿絵や写真が数多く含まれています。たとえば，創造的Q&A(第3章)で取り上げた南アフリカの写真ジャーナリストKevin

Carter がスーダンで撮影したショッキングな写真(ハゲワシが飢餓のために動けなくなった少女をねらっている写真)や,上で取り上げた地雷撲滅運動活動家の Chris Moon の写真などを使えば,実に中身のある Q&A を展開することができます。ここでは後者の写真を例に取って説明します[6]。1998 年 2 月,地雷廃絶を訴え,Chris Moon が日本人の伴走者と一緒に箱根—東京間のマラソンに出発するときの写真です。(共同通信社提供)

左ページの写真について,以下のような発問をしてみましょう。

---
①Do you know anything about Chris Moon?
②What is he doing in this picture?
③Do you know where he is running now?
④Can you imagine how long it took him to run from Hakone to Tokyo?
⑤Can you guess why he is running in his artificial leg?

すでに紹介したように,発問にはそのレベルに応じて① factual questions, ② inferential questions, ③ personal questions の 3 種類が考えられます。これら 3 種類の発問を適当に織り交ぜながら,かつ,適宜必要と思われる情報を加味しながら,生徒とのインターラクションを図ってみてください。この種の写真や挿絵が教科書に登場してくる場合には,ぜひ,これらの発問を,本文指導の最後よりも指導の最初の段階で行ってみてください。そうすることによって本文に対するスキーマを学習者の中に確立することができるだけでなく,これまでに習った英語表現を使って自身の感情や意見を伝えることができることをぜひ生徒たちに実感させたいものです。

3 まとめ

教科書は英語学習のための素材です。その素材を生かすも殺すも教師次第です。教科書の扱いに関しては,よく教科書を教えるべきか,それとも教科書で教えるべきかという二者択一的な問いかけがなされてきました。個人的には,教科書を教えながら,教科書で教える姿勢を堅持すべきと考えています。ここ数年,フィンランドの小学校英語教育をつぶさに観察する機会に恵まれまし

た。教育先進国というイメージから，タスクを中心としたきわめてコミュニカティブな授業がなされているのではと思われますが，実際はきわめて教科書中心の伝統的な授業が行われています。ただ，その教科書が実に充実しています。しかも，質量ともに豊富です。日本ではとうてい考えられないこともあります。たとえば，英語を習い始める小学校 3 年生からすべての新語に発音記号が付記されています。しかも，新語の数が半端ではありません。小学校の段階でも 1 ユニットに数十語の新語が出てくる場合もあります。ただ，その母語訳も日本の中学校用教科書同様，巻末に添えられています。高校生用教科書にも同様の単語リストが巻末に添えられています。よって，学習者が辞書を引きまくる姿はほとんど見かけられません。内容も実に豊富で，見ていて飽きない教科書になっています。教科書検定制度が廃止されていることや執筆者の多くが現場教師であることが影響しているものと思われます。分量はとても時間内に全部をこなせる分量ではありません。教師は，それらをあくまで素材として活用しています。しかも，児童・生徒からのアウトプットを引き出す素材として実に効果的に使用しています。アウトプットを引き出すためには，指導法を工夫することも重要ですが，生徒たちにその必要性を感じさせるような教材も必要であると痛感させられます。翻って日本の教科書の場合，学習指導要領や教科書編集に関するさまざまな制約のため，必ずしも学習者にとって魅力的な教科書とは言い難い側面があります。特にアウトプットを引き出すには教師の側に相当な工夫が必要となってきます。ここで紹介した指導例が，少しでも日本の学校での英語授業において学習者からなるべく多くのアウトプットを引き出す上でのヒントになれば幸いです。

<注>

(1) 中学校用英語教科書 *New Crown English Series*（三省堂，平成 18 年度版），Book 3, pp.10–11.
(2) 中学校用英語教科書 *One World English Course*（教育出版，平成 18 年度版），Book 3, pp.69–70.
(3) 中学校用英語教科書 *Total English*（学校図書，平成 18 年度版），Book 3, pp.44–45.
(4) 中学校用英語教科書 *New Horizon English Course*（東京書籍，平成 18 年度版），Book 2, pp.84–85.
(5) 中学校用英語教科書 *New Horizon English Course*（東京書籍，平成 18 年度版），Book 3, p.41.

第 5 章

日本語母語話者の英文表出プロセスを踏襲した文型練習

1 指導の背景

(1) なぜ今文型練習なのか

平成 20 年 3 月に改訂された中学校学習指導要領の外国語科の目標は，次のように書かれています。

> 外国語を通じて，言語や文化に対する理解を深め，積極的にコミュニケーションを図ろうとする態度の育成を図り，聞くこと，話すこと，読むこと，書くことなどのコミュニケーション能力の基礎を養う。

この文を読むと，先に「コミュニケーションを図ろうとする態度の育成」があり，その後に「コミュニケーション能力の基礎を養う」ことが出てきますが，順番からいうと，コミュニケーション能力の基礎がしっかりと身につけば，コミュニケーションを図ろうとする態度は後から自然とついてくるのではないでしょうか。その意味で，われわれはまず生徒の実践的コミュニケーション能力を向上させなければなりません。そしてそのためには，四技能のうち特に音声を使い即座に意味のやりとりをするリスニングとスピーキングの二技能の力を引き上げる必要があります。

近年，リスニングの力については，中学校あるいは高等学校において，CD等を使ってネイティブ・スピーカーの音声をナチュラル・スピードで聴き取らせるような授業や ALT（Assistant Language Teacher）とのティーム・ティーチング（Team Teaching）による音声コミュニケーション重視の授業が増えたので，不十分ながらも徐々に向上が見られるようです。しかしながら，スピーキ

ングの力については，中・高校生の全体的レベルを見ても，簡単な英語で身のまわりの事実を伝えたり自分の考えを表現したりする基本的コミュニケーションすらままならないのが現状です。その原因はどこにあるのでしょうか。筆者が考える最大の原因は，生徒が自分の言いたいことを英語の文構造にしたがって短時間のうちに英文として表出することがうまくできていないということです。たとえば，生徒は How do you do? Good morning. Thank you. My name is .... My hobbies are.... I want to（do）.... といった定型表現や自己紹介でよく使われる表現などは，まるごと覚えていて特定の場面で使うことができるのですが，英語の文の組み立てが即座にできないために，それ以外の表現を自分で創り出し，自由に会話することがなかなかできません。また，日本語母語話者は，通常，自分が言いたいことを最初日本語で考えてから，それを英語に直すというプロセスを踏みますので，頭の中に出てきた日本語が英語になりにくい構造や意味をもっていた場合，途中で英文を作ることをあきらめてしまうこともよくあるのです。

そこで本章では，上で述べた問題を解消し，生徒のスピーキング力を高めるために，従来の文型練習に改良を加えた新しい文型練習を提案したいと思います。文型練習は，限られた時間内に生徒から多くのアウトプットを引き出すことができ，くり返すことで生徒を英語の文構造に慣れさせることができます。したがって，これは工夫しだいでは生徒のスピーキング力の向上に，ひいては実践的コミュニケーション能力の向上に役立つ強力な手だてとなりえるのです。最近，特に中学校においては，文型練習は以前ほど行われなくなり，代わりに CLT（Communicative Language Teaching）の考えに基づくタスク活動に重点が置かれるようになりました。その結果，生徒に求められるアウトプットの質は上がりましたが，授業で課せられるタスク活動の内容が複雑になりすぎて，アウトプットの量が十分確保されていないように思われます。その意味でも，われわれは文型練習を通して生徒からの英語のアウトプット量を十分に確保しながら，まず英語の文構造を生徒に定着させてから，より意味のある内容重視のコミュニケーション活動へとつなげていく必要があるのではないでしょうか。

(2) これまでの文型指導の問題点

　かつて中学校において頻繁に行われた文型練習は，いわゆるパターン・プラクティスと呼ばれるものでした。パターン・プラクティスはアメリカの構造主義言語学者フリーズ（C. C. Fries）によって提唱されたオーラル・アプローチ（Oral Approach）における中核的な練習形態の一つで，戦後，山家保氏らによって日本に紹介され，1960 年代から 1970 年代にかけて大いに脚光を浴びた指導方法です（片山他，1994, p.26）。しかしながら，その後，認知記号学習理論（Cognitive-code Learning Theory）によって，オーラル・アプローチが理論的基盤としていたワトソン（J. B. Watson）やスキナー（B. F. Skinner）らの行動主義心理学の言語観（言語は好ましい刺激と反応の結びつきの強化により形成される習慣の体系であるという考え）が否定されるに至り，この教授法も表舞台からは姿を消すことになりました。パターン・プラクティスの弱点として，次の 2 点が挙げられます。一つは，教師によって与えられる音声モデルと文形式パターンの模倣と暗記を目指した機械的な置き換えや単調な反復練習に重点が置かれたために，言語形式と意味の結びつきが十分には保障されておらず，これでは新しい文を生み出す文法の習得が促進されないであろうという点です。もう一つは，言語使用における場面と言語の機能の関係に対する注意と配慮が不足していたために，練習して記憶した内容が実際のコミュニケーション活動にはつながりにくかったという点です。

　高等学校で伝統的に行われてきた文型指導のもとになっている 5 文型は，Onions（1904）の内容を一部改変して紹介した細江逸記氏の第 1 〜第 5 文形式に始まるといわれています。5 文型は，意味を表し伝えるための一つの単位である文という形式を，述語動詞と他の意味のかたまり（chunk）との文法的な関係によって，5 種類の型に分類したものです。すべての英文を 5 文型に完全に分類することは不可能ですが，これは特に四技能のうちリーディングにおいて一定の効果を上げました。しかしながら，実践的コミュニケーション能力養成の観点からいいますと，かつて文法訳読式授業で行われていた文型指導では，残念ながら十分な効果は期待できません。なぜならば，従来の文型指導は，文の要素（主語，動詞，目的語，補語）や品詞および句，節などの文法用語を多用し，文の構造を分析し説明する構文解析（parsing）とその知識の伝達に重きをおくため，そこから得られた知識は，リーディングやライティングに

おいてクラッシェン (Krashen) のいうモニター (monitor) としては働きますが，そのままではリスニングやスピーキングなどの即時対面的コミュニケーションに有効でないからです。

(3) 中間日本語の利用

　日本語母語話者は，通常，ものを考えるときに日本語を使います。英語の授業において，表面的に日本語の使用がなかったとしても，多くの場合，音声下では日本語による思考が働いているのではないでしょうか。そうすると日本語母語話者が英文を作るときも，どうしてもまず日本語で考えてから英語を組み立てるということが，実際には起こってきます。そこで，本章では英語のスピーキング力を高める文型練習における日本語使用のあり方について考えたいと思います。

　先にも述べましたように，最初に生徒に対して難解な文法用語を日本語で定義し，それを前提にして文法理論としての文型を説明するようなやり方では，リーディングやライティングにおいて，文字情報をある程度時間をかけて解読 (decode) したり，記号化 (encode) したりする場合に有効な文法知識を与えることはできるかもしれませんが，その方法はリスニングやスピーキングなどの即時対面的コミュニケーションにおいては，ほとんど無力といわざるをえません。しかしながら，逆に，日本語のいかなる使用も認めない指導法で，生徒が文法を習得し，一文の意味処理を自動化してコミュニケーション能力を向上させる，つまり，日本語の助けなしに，即座に英語の意味を理解したり，自分の言いたいことを英語で表現したりできるようになることも，また非常に難しいといえるでしょう。なぜならば，日本語母語話者にとって英語は EFL (English as a foreign language) であり，普段，日本社会で実際に英語を使用する必要性がほとんどないために，週に数時間の教室という限られた環境における学習では，生徒が理解可能な英語 (comprehensible English) に触れたり自らそれを発したりする量が，自然な文法習得を可能にするには明らかに少なすぎるからです。

　そこで本章が提案する新しい文型練習では，日本語をメタ言語（文法などにおいて言語を説明するために用いられる言語）としてではなく，英語のアウトプットへつなげるための中間日本語として利用することを考えます。ここでい

う中間日本語とは，日本語を文型の文の要素に相当するチャンク（chunk）ごとに英語の語順で並べかえたものを意味します。たとえば，「私は／名付けました／その猫を／タマと」のような日本語です。これは，日本人の英文表出プロセス（図1）において次のように位置づけられます。

抽象的概念⇒日本語による記号化⇒中間日本語⇒英語による記号化
〈変換1〉　　　　〈変換2〉　　〈変換3〉
⇒英語のアウトプット

図1　日本語母語話者の英文表出プロセス

　日本語母語話者にとって〈変換1〉はすでに自動化されていますので，本章の文型練習がねらうことは，中間日本語を介して〈変換2〉と〈変換3〉の技能をできる限り自動化に近づけることであるといえるでしょう。
　ただし，中間日本語を利用する際には注意しなければならないことがあります。それは，日本語と英語の統語的特徴の違いです。両者の最も大きな違いは①語順，②主語と主題，③文脈依存度の違いです。この三つの違いはどれも非常に重要かつ決定的なものです。①については，英語の動詞と目的語，前置詞と目的語，助動詞と動詞，名詞と後置形容詞（句・節）などの語順が，日本語と逆になることを押さえる必要があります。たとえば，当然のことですが，「あなたは，その公園でテニスをすることができます。」という日本語を単語ごとに英語に置き換えても，正しい英語にはなりません（⇒＊You the park in tennis play can.）。②については，英語が主語顕著言語（subject-prominent language）であるのに対して，日本語は主題顕著言語（topic-prominent language）ですから，日本語で主語のように見えている「〜は」の部分をそのまま英語の主語にもってきても，正しい英語を作ることができない場合が数多くあるということ（三上，1969，pp.9-15を参照）に留意する必要があります。そして③については，英語が低文脈依存言語（low-context language）であるのに対して，日本語は高文脈依存言語（high-context language）であるために，日本語の文において主語や目的語あるいは述語動詞などの省略が起きる場合があるということに注意しなければなりません。②と③に関する例を挙げますと，次のような日本文（下線部）は，そのまま英語に置き換えても正しい意味をなしません。

> 例）・鳴門は魚がおいしいです。
> 　　⇒Naruto is….
> 　　（fish, good という単語を知っていても後が続かない。）
> ・「（ぼくは）（君を）愛しているよ。」
> 　　⇒＊"Love." （主語と目的語を明示する必要がある。）
> ・A：牛肉と鶏肉のどちらになさいますか。
> 　B：ぼくは，鶏肉（を食べたいの）だ。
> 　　⇒A：Which would you like to eat, beef or chicken?
> 　　　B：＊I am chicken.

　上の例で挙げた日本文は，けっして特異なものではなく，どれも日常的な会話の中でごく普通に見られるものです。それだけにこのような内容をうまく英語に直して表現することは，英語による実践的コミュニケーション能力の向上にとって必要不可欠のことといえるでしょう。つまり，このような日本語と英語の特徴の違いを生徒に理解させた上で，効果的な練習方法を用いて生徒からの英語のアウトプットを質・量ともに引き上げることが求められているのです。それでは次に，そのための仕掛けとして，5文型と中間日本語を利用した新しい文型練習を具体的に提案することにします。

2　指導の実際

　以下に述べるステップ1では，日本語の文をチャンクで区切り，英語の5文型の枠組みを使って中間日本語を作ることに慣れさせる練習を，ステップ2では，中間日本語をチャンクごとに英語に置き換えて英文を作らせる練習を，ステップ3では，ステップ1，2の練習内容を日本語でcueを出すパターン・プラクティスの手法を使って，即時対面的コミュニケーション（特にスピーキング）に対応できる技能獲得（skill-getting）へとつなげます。

（1）　ステップ1：チャンクに慣れて中間日本語を作る

　上記73ページの図1の〈変換2〉に相当する練習です。具体的には，以下の二つの下位ステップを踏襲します。

ア）チャンクに慣れさせる

　まずは日本語の文をチャンクに区切る練習をして，生徒をチャンクに慣れさせます。日本語のチャンクでは，動詞，助動詞，形容詞，形容動詞の活用語尾や助詞（～は，～が，～を，～に，～と，～へ）などを通して，5文型における文の要素や修飾句に相当する働きが表されます。

例）彼らは昨日難波へ行きました。
　⇒彼らは／昨日／難波へ／行きました。
①彼は教師です。
　⇒＿＿＿＿＿＿＿＿＿＿＿＿＿＿＿＿＿＿＿＿＿＿＿＿＿＿＿＿
②私たちは納豆を食べます。
　⇒＿＿＿＿＿＿＿＿＿＿＿＿＿＿＿＿＿＿＿＿＿＿＿＿＿＿＿＿
③彼女は私にそのネクタイをくれました。
　⇒＿＿＿＿＿＿＿＿＿＿＿＿＿＿＿＿＿＿＿＿＿＿＿＿＿＿＿＿
④私はその猫をタマと名付けました。
　⇒＿＿＿＿＿＿＿＿＿＿＿＿＿＿＿＿＿＿＿＿＿＿＿＿＿＿＿＿

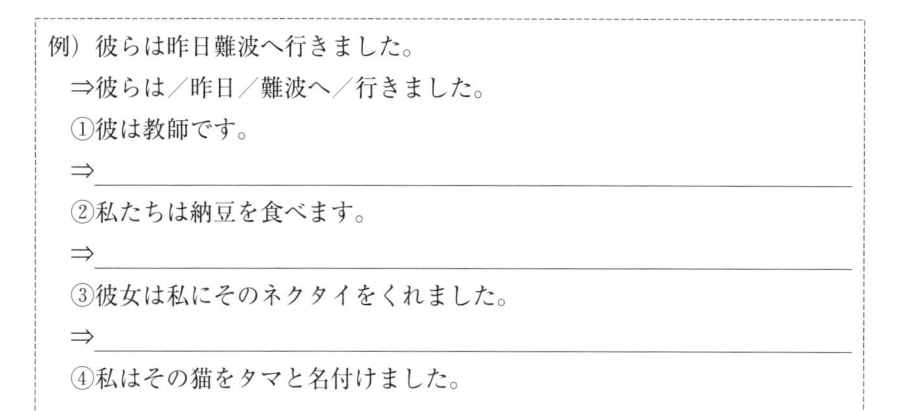

イ）中間日本語を作らせる

　次に，日本語のチャンクを英語の語順に並べかえて，中間日本語を作る練習をします。その際，英語の5文型をチャンクの語順を決める枠組みとして使用します。5文型そのものの説明は最小限にとどめ，実際に練習を重ねながら4種類の文の要素 S,V,O,C のうち各文型に共通しているのは S と V であり，それ以外の要素 O,C は，V の意味によってその必要性と配列が決定されることを意識させます。これを日本語のチャンクで表すと，概ね次のような枠組みができあがります。

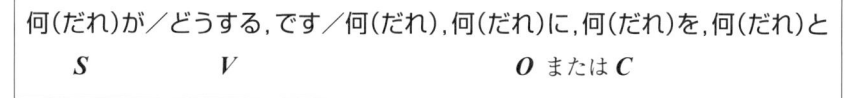

何（だれ）が／どうする,です／何（だれ),何（だれ)に,何（だれ)を,何（だれ)と
S　　　　　V　　　　　　　　　　　O または C

図2　日本語のチャンクによる5文型の枠組み

　これをもとにして生徒に中間日本語を作らせます。ただし，この際に先に述

べた日本語の統語的特徴によって，そのままでは英語になりにくい日本語があることに注意しなければなりません。その場合は，日本語を補ったり置き換えたりして，英語になりやすい中間日本語を作るようにします。

例）彼らは昨日難波へ行きました。
　⇒彼らは／行きました／難波へ／昨日
①彼は教師です。
⇒＿＿＿＿＿＿＿＿＿＿＿＿＿＿＿＿＿＿＿＿＿＿＿＿＿＿
②私たちは納豆を食べます。
⇒＿＿＿＿＿＿＿＿＿＿＿＿＿＿＿＿＿＿＿＿＿＿＿＿＿＿
③彼女は私にそのネクタイをくれました。
⇒＿＿＿＿＿＿＿＿＿＿＿＿＿＿＿＿＿＿＿＿＿＿＿＿＿＿
④私はその猫をタマと名付けました。
⇒＿＿＿＿＿＿＿＿＿＿＿＿＿＿＿＿＿＿＿＿＿＿＿＿＿＿
⑤イチローは足が速いです。
⇒＿＿＿＿＿＿＿＿＿＿＿＿＿＿＿＿＿＿＿＿＿＿＿＿＿＿
⑥日本は四季があります。
⇒＿＿＿＿＿＿＿＿＿＿＿＿＿＿＿＿＿＿＿＿＿＿＿＿＿＿

英文⑤の「イチローは」は主格の「～が」が主題化したものですから，「イチロー」をそのまま主語にすることを考えますが，後の「足が速いです」はそのままでは英語になりませんので，これを頭の中で「速く走れます」と置き換えて，「イチローは／走れます／速く」という中間日本語を作ります。または，「イチローは／です／速い走者」という中間日本語も可能です。英文⑥では場所を表す副詞句「～に」が主題化されていますので，もとの日本語に近い形としては，英語の存在文（there 構文）に相当する「あります／四季が／日本に」という中間日本語が考えられますが，英語では無生物主語をとる場合がしばしば見られますので，「日本」を主語として「日本は／持っています／四季を」とする方が，初学者には容易でしょう。

(2) ステップ２：中間日本語を英語に置き換える

上記 73 ページの図 1 の〈変換 3〉に相当する練習です。具体的には，以下の二つの下位ステップを踏襲します。

ア）英語による記号化

次は，中間日本語をチャンクごとに英語に置き換える練習をします。ここでは，日本語と英語の間で意味領域のずれがある場合に注意が必要です。たとえば，「今日の夕方，宿題を手伝ってあげよう。」を英語に直すように指示すると，生徒はしばしば，

　＊I will help your homework this evening.

と書くことがあります。これはいうまでもなく，訳語として単純に help＝「～を手伝う」と覚えているために起こる間違いです。動詞 help は後ろに目的語として「物」ではなく「人」をとりますので，ご存知のとおり正解は，

　I will help you with your homework this evening.

となります。また，evening は「通例日没から寝る時間までをいう」語（大修館，ジーニアス英和辞典）ですから，日本語の「夕方」より意味する時間帯が広いことにも言及した方がよいでしょう。

例）彼らは昨日難波へ行きました。
⇒彼らは／行きました／難波へ／昨日
⇒They went to Namba yesterday.
①彼は教師です。
⇒彼は／です／教師
⇒＿＿＿＿＿＿＿＿＿＿＿＿＿＿＿＿＿＿＿＿＿＿＿＿＿＿＿
②私たちは納豆を食べます。
⇒私たちは／食べます／納豆を
⇒＿＿＿＿＿＿＿＿＿＿＿＿＿＿＿＿＿＿＿＿＿＿＿＿＿＿＿
③彼女は私にそのネクタイをくれました。
⇒彼女は／くれました／私に／そのネクタイを
⇒＿＿＿＿＿＿＿＿＿＿＿＿＿＿＿＿＿＿＿＿＿＿＿＿＿＿＿
④私はその猫をタマと名付けました。
⇒私は／名付けました／その猫を／タマと

⇒ _____
⑤イチローは足が速いです。
⇒イチローは／走れます／速く
⇒ _____
⑥日本は四季があります。
⇒日本は／持っています／四季を
⇒ _____

　この段階では，各文型を作る代表的な動詞を選んで教材を作成します。たとえば，第1文型では，talk, sing, come, live, 第2文型では，be, become, get, look, 第3文型では，have, like, know, enjoy, 第4文型では，give, tell, buy, make, 第5文型では，name, call, make, find などの動詞が答えの文に含まれるように，問題の中間日本語を考えます。1枚のプリントで第1文型から第5文型のうち一つの文型だけを集中的に学習する教材も作れますが，1枚に各文型をまんべんなく含むプリントを数種類作っておいて，実施日を変えながらくり返し指導することで内容の定着を図るのがよいでしょう。そして，これをスピーキング力の向上につなげるには，ごく短時間のうちに左から右へと英文の構造を作らなければなりませんから，自分が伝えようとしている意味をもとにして，まずSに何を立てるか，そして次に時制（tense），相（aspect），態（voice）などを含めてVにどのようなものを選ぶかを，これらの練習の段階でできるだけすばやく判断できるようになっておくことが望まれます。たとえば，「彼は車を<u>持っています</u>（He <u>has</u> a car.）」，「私はすでに宿題を<u>終えています</u>（I <u>have</u> already finished my homework.）」，「彼女は今テレビを<u>見ています</u>（She <u>is watching</u> TV now.）」などのように動詞（下線部）が日本語で「〜ています」となっている場合に，初学者はそれらをどれも進行形にしてしまうという間違いをよくします。生徒には日本語と英語が一対一対応をするとは限らないことを十分に理解させて，それぞれの意味の違いを考えて適切なVの形式を選べるように指導しなければなりません。

イ）チャンクを拡大する
　ここまでの練習に生徒が十分に習熟したならば，次に日本語のチャンクを名詞節や形容詞句（節）の後置修飾などを含むより大きいものへと拡大していき

ます。そうすることで，生徒はより情報量の大きい英文を作れるようになります。

---

①私の父は20年間英語の教師をしています。
⇒私の父は／（ずっと）です／英語の教師／20年間
⇒_____
②彼女は私たちが納豆を食べることを知っています。
⇒彼女は／知っています／私たちが納豆を食べることを
⇒_____
③私は彼に私が彼女と結婚することを言いました。
⇒私は／言いました／彼に／私が彼女と結婚することを
⇒_____
④彼は昨日買った本を今朝列車の中に置き忘れました。
⇒彼は／置き忘れました／昨日買った本を／列車の中に／今朝
⇒_____

---

①では V が現在完了形 has been になることと，C の「英語の教師」が a teacher of English で形容詞句の後置修飾を含むことに，②と③では O が名詞節になっていることに，④では O が形容詞節の後置修飾を含むことに，それぞれ生徒の注意を喚起することが必要です。

(3) ステップ3：改良型パターン・プラクティスで自動化を促進する

上記73ページの図1の〈変換2〉と〈変換3〉を自動化へ近づける練習です。具体的には，以下の二つの下位ステップを踏襲します。

ア）改良型パターン・プラクティス

最終段階として，これまでの練習をパターン・プラクティスにつなげます。ここでのねらいは，口頭練習であるパターン・プラクティスの長所を生かして各生徒からの英語のアウトプット量を増やし，英語の文構造を生徒に定着させることによって，生徒が表現したい意味内容をもつ英文を瞬時に表出できるようにすることです。本章で提案するパターン・プラクティスは，弱点であった英語と意味の結合の不十分さを補うために，中間日本語または日本語でキュー

(cue)を出します。パターン・プラクティスの三つの主要な操作である置換（substitution），転換（conversion），拡張（expansion）は，それぞれ次の点に注意して行います。まず置換では，チャンクを置き換えの単位として，ただ単に同じ品詞の語句を機械的に入れ換えるのではなく，それらがコミュニケーション活動につながる意味内容をもつように配慮します。また，文の要素 V における相，態，時制を表す言語形式とその違いよって生じる意味の変化は，コミュニケーションをとる上で重要な働きをしますから，特に注意して指導する必要があるでしょう。次に転換に関してですが，文型はふつう平叙文（肯定）の構造をもとに考えられていますので，もとの例文（基本文）から疑問文や否定文を作る練習は，欠かすことができません。最後に拡張については，より複雑な文構造とより豊かで詳細な意味内容をもった英文をアウトプットできるように，チャンクを小さいものから後置修飾句（節）などを含む大きなものへと拡大していく練習をします。生徒の習熟度や学習する単元の内容に合わせて，これらの操作を易から難へバランスよく配置した教材を作成することが大切です。

　基本文は，教科書の単元などから適当なものを選んで使用します。実際の指導方法については，授業者によってさまざまな工夫とバリエーションが考えられますが，参考までに具体的な指導例を一つ挙げておきます。まず，基本文を中間日本語で板書して，それを英語に直すようにクラス全体に向けて発問します。

〈基本文１〉私は／食べます／納豆を
　　　⇒I eat *natto*.
① 〈cue〉私は／好みます／納豆を／とても
　　　⇒I like *natto* very much.
② 〈cue〉私は／食べます／納豆を／毎朝／それをとても好むので
　　　⇒I eat *natto* every morning because I like it very much.
③ 〈cue〉彼女は／使います／醤油を／納豆を食べるときに
　　　⇒She uses soy sauce when she eats *natto*.
④ 〈cue〉彼女は／使いません／醤油を／納豆を食べるときに
　　　⇒She doesn't use soy sauce when she eats *natto*.

〈基本文２〉私の父は／立っています／あそこで
　　⇒My father is standing over there.
⑤〈cue〉彼の父は／立っていました／その店の前で／昨日
　　⇒His father was standing in front of the shop yesterday.
⑥〈cue〉彼は／見ました／彼の父が／木の下で立っているのを／昨晩
　　⇒He saw his father standing under the tree last night.
⑦〈cue〉彼は／見ましたか／彼の父が／木の下で立っているのを／昨晩
　　⇒Did he see his father standing under the tree last night?
⑧〈cue〉だれが／見ましたか／彼の父が／木の下で立っているのを／昨晩
　　⇒Who saw his father standing under the tree last night?

　口頭での正解が出たところでそれを板書してスラッシュを入れ，基本文のチャンクを意識させます。以後，キューを口頭で与えながら，正解の英文（応用文）を板書していきます。置換，転換，拡張のあった応用文のチャンクに関して，重要ポイントを簡単に説明したあとに，クラス全体で正解の英文をリピートさせます。先の教材例でいいますと，接続詞 because と when の意味と位置（②と③），in front of が群前置詞として一語の前置詞のように働くこと（⑤），あるいは，知覚動詞 see の後に続く構文（⑥）などが，指導上の重要ポイントとして考えられます。さらに，基本文およびすべての応用文の提示が終了した後で，応用文の板書を消してから口頭のキューだけを与えて，できるだけ多くの生徒に順不同で応用文を口頭再生させることで定着を図ります。これは口頭英作文につながります。詳しくは，次の第６章「口頭英作文」で説明します。

イ）言語の機能との連携

　ここまでくれば，あとは言語の機能に重点を置いて，より実践的なコミュニケーション活動につながるような英文の文型練習を，自然な日本語を使って全文をキューとして提示しながら徹底的に行うのがよいでしょう。

〈基本文１〉駅への行き方を教えていただけますか。
　　⇒Could you please tell me how to get to the station?
①〈cue〉いつ出発すればよいか教えていただけますか。
　　⇒Could you please tell me when to start?

② 〈cue〉何を買えばよいか彼女にたずねていただけますか。
⇒Could you please ask her what to buy?
③ 〈cue〉帰りに卵をいくつか買うように彼女に頼んでいただけますか。
⇒Could you please ask her to buy some eggs on her way home?

〈基本文2〉今晩パーティーに来ませんか。
⇒Why don't you come to the party tonight?
④ 〈cue〉納豆を食べてみませんか。
⇒Why don't you try *natto*?
⑤ 〈cue〉私と奈良へサイクリングに行きませんか。
⇒Why don't you go cycling to Nara with me?
⑥ 〈cue〉カナダの高校生と友だちになりませんか。
⇒Why don't you make friends with high school students in Canada?

〈基本文3〉いつかスコットランドを訪れたいです。
⇒I would like to visit Scotland someday.
⑦ 〈cue〉もっと日本の歴史について勉強したいです。
⇒I would like to study more about Japanese history.
⑧ 〈cue〉今日はみなさんに私のカナダでの学校生活についてお話ししたいと思います。
⇒Today I would like to talk to you about my school life in Canada.
⑨ 〈cue〉他の国の人たちと積極的に英語でコミュニケーションを図りたいです。
⇒I would like to communicate with people from other countries in English actively.

〈基本文1〉では依頼という機能とCould you please〜？という文型に，〈基本文2〉では勧誘という機能とWhy don't you〜？という文型に，そして，〈基本文3〉では希望という機能とI would like to〜．という文型に焦点が当てられています。他の機能としては，提案，約束，忠告，命令などが挙げられます。それぞれの機能ごとにいくつかの典型的な文型を選んで，実際のコミュニケーション活動でも使えるように，繰り返し練習します。その際，さまざまな場面や状況を想定して，語彙のバリエーションを増やしておくことも，実践

的コミュニケーション能力の養成にとって重要です。また，一つの機能に対して，文型を固定せずに展開する方法も考えられます。たとえば，依頼という機能を選んで，ペンを借りたいという状況を設定すると，ていねいさの度合いによって次のようないくつかの表現が可能です。

---
① 〈cue〉ペンある？
⇒Do you have a pen?
② 〈cue〉ペンを貸してくれる？
⇒Will you lend me a pen?
③ 〈cue〉ペンを貸してください。
⇒Please lend me a pen.
④ 〈cue〉ペンを貸していただけますか。
⇒Could you lend me a pen?
⑤ 〈cue〉ペンを貸していただいてもよろしいでしょうか。
⇒I was wondering if you could lend me a pen.

今までは，文型ごとに行っていた練習を，特定の場面や状況を前提として与えることで，より現実のコミュニケーション活動に近い形で括り直すことができますので，これも有効な練習方法であるといえるでしょう。

3 まとめ

本章では，生徒の実践的コミュニケーション能力を養成するために，ライティングだけでなくスピーキングにも対応できるようなアウトプット能力の質的および量的向上につながる文型練習について考えてきました。そして，その特徴として，①文法用語を多用せず帰納的に英語の文構造をつかませ，理解可能な英語をできるだけ多くアウトプットさせるために，日本語をメタ言語としてではなく中間日本語として有効に利用すること，②その際に日本語と英語の文構造の違いを意識させて，5文型によって与えられる英語の文構造にしたがってチャンクごとに意味を感じながら英語をアウトプットさせること，③言語の機能や使用場面にも配慮したパターン・プラクティスの改良型手法を用い

て，各チャンクに助動詞や句や節を含むより複雑で情報量の多い文構造をアウトプットできる能力の獲得へとつなげること，の3点を挙げました。

　近年，コミュニケーション活動を授業の中心に据え，目標言語（英語）による意味交換をすることで言語習得が促進されるという考えが優勢ですが，教室という限られた学習環境の中で生徒が触れる目標言語の量（exposure）と種類（variety）の少なさ，および母語（日本語）による干渉の影響などからいいますと，そのような授業で目標言語の文法習得や語彙習得が自動的に起きるとは，どうしても考えにくいのです。たとえば，オール・イン・イングリッシュの授業で表面的に日本語の使用を禁じたとしても，英語の意味を理解したり，自分が表現したい意味内容を英語に直したりする際に，生徒が頭の中で日本語を使用しないという保証はどこにもありません。したがって，母語の干渉が避けられないことであるとすれば，日本語を有効に利用して，生徒の英語によるアウトプット能力を最大限に伸ばす仕掛けを用意することが求められるのです。コミュニケーション・ツールとしての言語がコミュニケーション活動において果たす機能に注目することは確かに大切ですが，まずは，基本的コミュニケーション活動を成立させることができるだけの自発的，創造的アウトプット能力を身につけることが，その前提であるといえるのではないでしょうか。そのような前提を作ることが，本章で扱った「日本語母語話者の英文表出プロセスを踏襲した文型練習」の担う役割です。

第6章

口頭英作文のすすめ

1 指導の背景

(1) 口頭英作文とは

　口頭英作文（oral English composition）とは，一般的には筆記英作文（written English composition）の前に行われる口頭和文英訳を指すことが多いように思われます（土屋他，1981）。他にも，教師が教えたい表現の入った質問をしてそれに答えさせるものや，鉛筆を借りたいときにはどう言うかなどと状況を設定し，生徒に口頭で発表させることもこれに含まれます（塩澤他，2004）。

　しかし，このような見解の一方で，語研（1988）は学習者が自由に表現できない口頭和文英訳や機械的な口頭練習はこれに含めず，伝達すべき意味内容を自分のことばで表現する活動のみを口頭英作文として位置づけています。ただし，いずれの見解にせよ，音読や暗唱，単なる反復模倣などの作業は口頭英作文の範疇には含まれません。そこで，本章ではこれらの議論を踏まえ，口頭英作文を次のように定義します。

> 口頭英作文とは，学習者が自分で作文した英文を口頭で発表する活動のことで，筆記英作文と同様に，教師が学習者の発話に一定の制約を加える形態と学習者が自由に発話できる形態の両方を含む。

　以下，本章では主に前者の形態，すなわち教師が学習者の発話に一定の制約を加える形態に焦点を当て，授業で学習者の英語によるアウトプットの量を確保するために行われる活動を紹介します。

（2）口頭英作文の意義

　授業で口頭英作文を行う意義を学習者側と指導者側の双方からそれぞれ2点に分けて考えます。前の二つが学習者の立場，後の二つが指導者の立場です。

ア）発話のスピードと即興性を高め，量を増やすことができる

　英語学習の悩みとして，学習者がよく漏らすことばの中に「英語は読めるが話せない」と並んで「英語は書けるが話せない」があります。しかし，この「書ける」という中身を聞き質してみると，単語や構文が思い浮かばないため，和英辞典や文法書に頼るあまり，たとえ一文の和文英訳であっても，英文の完成までに相当な時間が経過していることがよくあります。これでは自然な意味において「書ける」とは到底言うことができません。

　一方，口頭英作文では，辞書で単語を調べることも，文法書で構文を確認することもできません。学習者が知っている単語と構文で，その場で即座に応答しなければならないため，何よりもスピードと即興性が要求されます。筆記英作文のような時間の猶予がないため，即興性のマイナス面は発話に勢いミスが多くなることです。しかし，たとえミスがあっても，教師も即座にフィードバックができるので，生徒は言い直すことで正答に達することができます。このように，発話時のスピードと即興性を高められることが学習者にとって何よりの学習成果となるのに加え，発話までの時間が短縮されるので，その結果として筆記英作文よりも単位時間当たりの発話量を増やすことができるのもメリットの一つです。

イ）スピーキングに発展させることができる

　英語を話せるようになりたいという学習者の願望に関して，土屋・広野（2000）は大学英語教育学会の調査結果を受け，これが英語を初めて学習する中学生だけのものではなく，大学生になっても圧倒的に大きなものであると述べています。この願望に応えるため，指導者が学習者にまず行わなければならないことはインプットを与えることであり，クラッシェンは理解可能なインプット（comprehensible input）のみが言語の習得（acquisition）につながると主張しました（Krashen, 1985）。しかし，ESLの環境下ならいざ知らず，わが国のように英語が使われるのは基本的には英語の授業だけで，その時間数もきわめて限られたEFLの状況の中では，教師がインプットを与えるだけで，生徒

が英語を話せるようになるとは思えません。学んだ英語を実際に使って試してみるアウトプットの練習が不可欠です。ただし，アウトプットの練習といっても，理解した言語材料を書くだけではスピーキングには不十分です。上述のように，ライティングにはかなりの時間がかかることがあるからです。話すためには，口頭で瞬時に英作文ができる訓練を積まなければなりません。この点から，口頭英作文を授業で継続することは，英語を話せるようになりたいという学習者の願いを叶えることにもつながるのです。

ウ）音声を重視した指導を行うことができる

指導者にとって，授業で口頭英作文を扱う第一の意義は，何といっても音声重視の指導が行えることです。しかも，口頭英作文では学習者が語や句単位ではなく文単位で発話するため，センテンス・ストレス，リズム，イントネーションなどの「かぶせ音素」(suprasegmental phonemes) の指導を行うことができるのです。このようにいうと，その指導なら教科書の音読でもできるではないかと反論が聞こえてきそうですが，音読は基本的には文字を調音化 (articulation) するだけであり，自分で英文を作り，正しい音調で発話するものではありません。

一方，口頭英作文は学習者の頭の中にある意味の存在を文字を介することなく発話するため，音読よりもはるかにスピーキングに近い状況の下で英語の韻律（prosody）を指導することができます。また，クラスメートの発表を聞いている生徒にはリスニングの練習にもなります。さらに，学習者は学年が進むにつれて，声を出したがらない傾向が見られますが（塩澤他，2004），口頭英作文は文字や書くことへの過度の依存を取り除き，学習者自身に英語学習における音声の重要性を再認識させる契機ともなるのです。

エ）授業を活性化することができる

筆記英作文の授業では，特に一文レベルの和文英訳の場合，教師に指名された数人の生徒が黒板に自分の答えを書き，全員の答えが揃ったところで教師がそれを添削するという光景がよく見られます。指名された生徒は黒板の前で自分の答えを確認し，完璧を期そうと努めますが，指名を免れた多くの生徒は緊張が解け，何もしないまま無為に時間を過ごし，教師が気づいたときには授業は沈滞ムードということもけっして珍しいことではありません。

ところが，口頭英作文では次々と指名され，筆記英作文よりもテンポよく授

業が進められるため，生徒は次にだれが指名されるか分からず，適度の緊張感が生まれ，全員を授業に集中させることができます。また，この緊張感が声を出すことと結びついている点にも注目しなければなりません。教師の一方的な説明によって退屈そうな様子をしていた生徒たちが，教師のちょっとした工夫で取り入れられた声を出す活動を通して，活気を取り戻した経験は教師ならだれしもあることだと思います。生徒に声を出させることは授業を生き生きと活性化させる第一歩です。

（3） 授業で行う口頭英作文の種類

本章での定義に基づき，授業で口頭英作文を行う場合，次のような種類が考えられます。

①パターン・プラクティスの要領で，新出の文法や構文を含む英文の一部に語句を選んだり，生徒自身で考えて入れたりして新たな文を作らせる

②新出の文法や構文，熟語を含む文を教師が日本語で言い，英訳させる

③教師が作成したストーリーや教科書の物語に関して，日本語を与え，英訳させる

④1枚の挿絵や写真を英語1～2文で説明させたり，1課すべての挿絵や写真を用いて，課全体のまとめをさせる。また，図表の説明をさせる

⑤教師の発問に英語で答えさせたり，本文の内容理解のあと生徒に問いを作らせ，生徒間で英問英答させる

⑥語句またはフローチャートのみを記したメモやマップを参考に，本文を要約させる

⑦筆者の意見や考え，体験などが述べられている本文をもとに，その一部を変えて生徒自身のことを述べさせる

本章では，①から⑦のうち，①，②，③，④の指導例を紹介します。④は第4章「教科書教材の加工と活用」でも扱われています。他にも，⑤は第3章「創造的 Q&A のすすめ」，⑥は第9章「構造マップを使った指導」，⑦は第3章と第4章をご参照ください。

2　指導の実際

(1)　意識的なパターン・プラクティスを利用した口頭英作文

　パターン・プラクティスとはフリーズ（C. C. Fries）が提唱したオーラル・アプローチ（Oral Approach）の指導技術の一つで，ある文型の基本文をもとにして，学習者にその一部を置換（substitution），転換（conversion），拡張（expansion）させることにより，その文型に無意識的に習熟させようとするものです。フリーズ（Fries, 1945）は，外国語の習得とは限られた語彙を用いて音韻体系をマスターし，文型を自由に使えるようになることと主張しました。

　戦後のわが国の英語教育界で一世を風靡したオーラル・アプローチも1960年代の後半，この教授法が依拠した行動主義心理学と構造主義言語学の衰退とともに，新たな教授法に取って代わられましたが，その問題点を端的に述べれば，「基本文型というかなり抽象的な関係概念を口頭技能だけで，かつ無意識的に定着させようとした点」（伊東，1999, p.12）にあるということができます。しかし，その一方で，外国語学習では不可欠な模倣と反復によるアウトプットの量の確保などのよさも合わせもつため，新たな視点から再検討を行えば，今日の授業においても利用する価値は十分にあると考えられます。

　そこで，まず従来型のパターン・プラクティスを振り返ってみましょう。従来型のパターン・プラクティスでは，基本文の置換，転換，拡張の際に，教師が生徒に非文を発話させないよう十分な注意を払い，次のようにキュー（cue）を与えていました。

T :　I have something to do.
S_s :　I have something to do.
T :　*A lot of homework*（置換）
S_1 :　I have a lot of homework to do.
T :　*Question*（転換）
S_2 :　Do you have a lot of homework to do?
T :　*By this weekend*（拡張）
S_3 :　Do you have a lot of homework to do by this weekend?

現行の検定教科書でも,次のように基本文とともに置き換え語句を示し,生徒に英文を言わせたり,書かせたりする試みがなされています(1)。

> 基本文：I have a lot of work to do.
> → 1. something / drink　2. some books / read

　これらの共通点は,学習者が置き換えたり,挿入したりする語句の位置を知り,文を転換する統語規則を理解しさえすれば,文の意味に注意を払わずとも正しい英文を得られることです。これではその練習方法に慣れることはできても,そこで練習している英語そのものには慣れることができません。
　そこで,次のような置換表（substitution table）を用意し,生徒に語句を組み合わせて英文を口頭で発表させてみましょう。

I	like	English	every day.
You	play	tennis	every weekend.
My sister	studies	America	last summer.
My cat	visited	fish	very much.
We	ate	the piano	a little.

　計算の上では625通りもの組み合わせが可能ですが,すべての英文が正しいとは限りません。生徒の発表例を示します。

> ①　I like English very much.
> ②＊My sister play tennis every weekend.
> ③＊My cat studies English every day.
> ④？We ate fish last summer.

　①は文法的にも意味的にも正しい英文です。しかし,②は三人称単数現在の文ですから,play は plays としなければなりません。文法的に非文です。では,③はどうでしょう。猫が毎日英語の勉強をするというのは,英語のラジオ講座を聞く発話者の側に毎日飼い猫が寄り添い,あたかもその猫も英語学習に

90

励んでいるかのように状況設定をするか，あるいはいっそ物語の世界であるとでも断らない限り，意味的に非文です。つまり，勉強するのは［＋human］の意味素性（semantic feature）をもつものでなければならないからです。また，④はこれだけでは情報不足です。たとえば，海から遠く離れた内陸部の砂漠地帯に住む民族が昨年初めて魚を口にしたことを話題に，"We ate fish for the first time last summer."と言うのなら分かりますが，これだけだと非文とはいわないまでも正しい英文とはいえません。生徒はこのように文法と意味の両方を意識しながら，正しい英文を次々と口頭で発表するのです。

(2) 日本語をキューにした口頭英作文

次に，教師が日本語でキューを与え，現在分詞による後置修飾を含む文を生徒に口頭で和文英訳させる指導例を紹介します。口頭英作文に先立つ文法説明では，日本語の修飾構造との対比で，形容詞が単独で名詞を修飾するときは日本語と同様に前置修飾構造をとるものの，句として修飾する場合には後置修飾構造となることを理解させます。基本文は次のとおりです。

・The girl dancing over there is Kumi.
・The baby sleeping in the bed is my brother.
・The man running in the schoolyard is our teacher.

指導に当たっては，上述のように，前置修飾構造（the dancing girl）と後置修飾構造（the girl dancing over there）の違いに気づかせるとともに，実際に英語で発話させることで，語（the girl）から句（the girl dancing over there），そして文（The girl dancing over there is Kumi.）へと，名詞のチャンク（chunk）が拡大することにより文形成が行われる仕組みを実感させます。

T : その少女
S_1 : The girl
T : 踊っている少女
S_2 : The dancing girl
T : 向こうで踊っている少女

> S_3 : ….
> T : The girl dancing over there
> S_3 : The girl dancing over there
> T : 向こうで踊っている少女は久美です。
> S_4 : The girl dancing over there is Kumi.
> T : Good. The girl dancing over there is Kumi.
> S_5 : The girl dancing over there is Kumi.

　基本文の練習が終われば，今度は次のような練習問題を用意し，一文単位で口頭英作文させます。一息で言うことができない生徒に対しては，上の指導例のようにチャンクごとに英語で言わせ，最後に教師の助けがなくても文全体を諳んじて言えるようにさせます。

> ・音楽を聞いている少年は浩です。
> 　　The boy listening to music is Hiroshi.
> ・バスを待っている女性は鈴木さんです。
> 　　The woman waiting for the bus is Ms. Suzuki.
> ・私は次郎と話をしている少女を知っています。
> 　　I know the girl talking with Jiro.
> ・私には東京に住んでいる姉がいます。
> 　　I have a sister living in Tokyo.

　短文の口頭英作文に慣れたら，仕上げはストーリーに挑戦です。次は上の練習問題の最後の英文に続くストーリーで，全体で六つの比較的短い文から成り，そのうちの四つが現在分詞の後置修飾構造を含む文です。一文レベルの場合とは異なり，ストーリーの場合は，日本語を板書かプリントで与える方が生徒にとって話の流れを把握しやすいでしょう。

> 　私には東京に住んでいる姉がいます。彼女は音楽を勉強している大学生です。このコンサートの写真を見てください。バイオリンを弾いている女性が私の姉です。そして，オーケストラを指揮している男性が彼女のボーイフレンドです。二

人は来年結婚します。
(英訳例)
　I have a sister living in Tokyo. She is a college student studying music. Look at this photograph of a concert. The woman playing the violin is my sister. And the man conducting the orchestra is her boyfriend. They will get married next year.

　分詞による後置修飾は，中学3年生で学ぶ文法項目の中では現在完了や関係代名詞などと比べると，その扱いはあまり大きなものではありません。しかし，接触節や関係代名詞節のように，節が名詞を修飾する構造の学習に発展させる上で重要なことに加え，会話でもよく用いられるため，口頭英作文を通してきちんと指導したいものです。

(3) 絵や写真を使った口頭英作文

　これまでに紹介した口頭英作文は，文字または音声による言語的（verbal）要素をキューにしたものでしたが，これから述べる活動は絵や写真といった非言語的（nonverbal）要素をキューにする点で異なります。この違いを第5章で論じた英文の表出プロセスを用いて説明すると，たとえば日本語をキューにした口頭英作文は，母語である日本語であらかじめコード化された文を外国語である英語のコードに変換する作業です。一方，非言語的要素をキューにする場合は，絵や写真によって表された抽象的意味や概念を学習者自らが日本語でコード化するところから始まるため，そこに学習者ごとの解釈の多様性が生まれ，その解釈の多様性がさらに英語表現の多様性を生むことになります。ここでは，その多様性のレベルがやや高い二つの例を取り上げます。

ア）教科書の絵や写真を使った口頭英作文

　次の英文は，春休みを利用して沖縄に住む友人のひろみを訪ねたアキが，教室でクラスメートのベトナム人男子生徒ミンにその思い出を語る場面です。英文には図1の挿絵が添えられています。沖縄の代表的な郷土料理であるゴーヤ・チャンプルーを食べながら談笑するアキとひろみ，そしてひろみの母と思われる女性が描かれています。また，英文中には登場しませんが，沖縄民謡には欠かせない楽器である三線も描かれています[2]。

図1

Minh : Did you have a good time in Okinawa?
Aki : Yeah, a wonderful time. We visited Shurijo Castle, the Himeyuri Monument and Ocean Expo Park.
Minh : Really? Did you eat anything special?
Aki : Yes, I ate *gohyaa-chanpluu*.
Minh : *Gohyaa* ...? What's that?
Aki : *Gohyaa* is a vegetable. It looks like a cucumber, but it's bitter. They cook it with tofu and pork.

　本文の説明と音読練習のあと，生徒にひとり一文ずつ英語で絵の説明をさせます。最初は特に文と文のつながりを意識せず，英語で言えることを口々に言わせます。次のような英文が発表されることでしょう。

・Aki and Hiromi are eating *gohyaa-chanpluu*.
・Hiromi's mother is sitting on the porch and looking at Aki and Hiromi.
・*Gohyaa* is a vegetable and looks like a cucumber.
・People in Okinawa cook *gohyaa* with tofu and pork.
・There are two *sanshins* on the wall.

　本文の内容や挿絵に関する英文以外にも，次のように文中に述べられていないことを想像して言ったり，生徒が自身のことを話すのも歓迎します。

・Hiromi's mother cooked the *gohyaa-chanpluu*.

・Hiromi sometimes plays the *sanshin* with her mother.
・I went to Okinawa with my family last summer.
・I like *gohyaa-chanpluu* very much.

　絵を使った口頭英作文を初めて行うときや始めて間もない頃なら，上のような英文を一文でも言えればよいでしょう。しかし，このような活動に慣れ，生徒たちが少し物足りない様子であれば，一人の生徒に３～４文程度で絵を説明させたり，生徒を順に指名して，数人でまとまりのあるパッセージ（passage）を完成させるなど，ステップを踏んで活動のレベルを高めたいものです。これは第４章「教科書教材の加工と活用」にも関連する活動です。

イ）ストーリー性のある絵を利用した口頭英作文

　ストーリー性のある絵を用いると，生徒の絵の解釈の違いとそれにもとづく英語表現の違いが生まれ，上のア）よりも多様で発展的な活動を行うことができます。ここでは高校の「オーラル・コミュニケーションⅠ」の教科書の挿絵を題材にして，ストーリー性のある絵を使った口頭英作文の方法を紹介します。

　次の絵（図２）をご覧ください(3)。教科書の活動は，絵を見てペアで会話の練習をすることです。たとえば，少女役の生徒が "I am very tired." と言い，少年役の生徒が "Why don't you take a rest?" と提案を表す表現を用いて応じることがねらいです。ここではその会話練習のあとで口頭英作文に発展させましょう。

　この絵には表現すべきポイントが二つあります。もうお分かりのように，「少女がとても疲れていること」と，そのため「少年が少女に休憩を勧めていること」です。ストーリーを再現するには，この２点をまとめて，"The girl is very tired, so the boy is telling her to take a rest." などと言えればよいでしょう。しかし，前述のように，絵をキューにした口頭英作文では，ことばをキューにしたものに比べると，さまざまな英語表現が生まれます。たとえば，少年のことに関しては次のような英文も可能です。

図２

・The boy is asking the girl if she can walk to the tree.
・The boy is worried about the girl.

　少女のことになると，さらに解釈の多様性が広がります。つまり，苦しそうにしているのは足首を捻挫したからであるとか，けがにせよ疲れにせよ，もうこれ以上歩けそうにないといった解釈をする学習者もいるからです。

・The girl has twisted her ankle and the boy is asking her if she can walk to the tree.
・The boy is worried about the girl because she can't walk anymore.

　ストーリー性のある絵は，検定教科書はもちろんのこと普段われわれがなにげなく使っている教材でもよく見かけます。このような絵を用いた口頭英作文では，一つの答えが出れば，それだけで活動を終わりにするのではなく，できるだけ多くの生徒を指名して，彼ら独自のいろいろな解釈や表現を引き出すようにしたいものです。

(4) オープン・エンド形式によるパターン・プラクティス

　コミュニケーション活動の中には，手順が複雑なだけで，タスクそのものはわずかな発話で終了し，生徒から十分な量のアウトプットを引き出すことができないものもあります。この点から，(1)で紹介した意識的なパターン・プラクティスを利用した口頭英作文はアウトプットの量を確保するのに有効な活動です。しかし，一方で，生徒の中には，教師があらかじめ決めた英語ではなく，自分が作った英語を発表したいと思う者も多くいます。そこで，次に中学と高校から言語材料を一つずつ選び，生徒の自己表現につながる活動例を提案します。

ア）仮主語構文

　仮主語の it が用いられた構文を十分に口慣らししたあとで，基本文の一部に自分のことを述べ，自己表現につなげます。仮主語構文は，行為や人の性質に関する価値判断を示す形容詞や名詞を用いて，話者の意見や感想を述べるのに使われることが多く，自己表現に発展させるには格好の文法項目です。

第一段階として，教師は生徒にキューを与えて置き換え練習をさせます。ここでは教師はできるだけ多くの生徒を指名するよう努めるとともに，スピーディーな授業展開を心がけ，生徒にも素早く反応することを求めます。

T : It is necessary for me to use computers.
S_s : It is necessary for me to use computers.
T : *Study English*
S_1 : It is necessary for me to study English.
T : *Difficult*
S_2 : It is difficult for me to study English.

次に，教師は置き換えの箇所を示し，基本文を板書します。

　　　　　基本文：It is [　　1　　] for me to [　　2　　].

　教師は［　1　］に入る英単語を指示し，生徒は［　2　］に自分に当てはまることを言い，英文を完成します。［　1　］に入ることばとしてはdifficult, easy, necessary, important, interesting, fun などが適切です。

T : What is fun for you at school, S_1?
S_1 : It is fun for me to play soccer in the club.
T : How about you, S_2? What is fun for you at school?
S_2 : It is fun for me to talk with my friends after school.
T : Good. Let's change the word. The next word is *necessary*. What is necessary for you, S_3?
S_3 : It is necessary for me to play with my little brother today.
T : Now, your turn, S_4. What is necessary for you?
S_4 : It is necessary for me to wash my father's car next Sunday.

　このようなやりとりの中で，教師がS_1に "Who is your favorite soccer player?" と問いかけたり，S_3には "How old is your little brother?" と尋ねたりすれば，

さらに英語によるコミュニケーションの土台作りになるでしょう。

イ）仮定法過去

　オープン・エンド形式のパターン・プラクティスに最適の高校の言語材料は仮定法です。高校生に自分のことを話させようとしても，周りの目を気にしたり，照れたりするあまり，なかなか本当の意見が出てきません。ところが，仮定法だと空想や虚構の世界のことなので，気を使わずに英語を口にすることができます。ここでは仮定法過去を取り上げます。口頭英作文の前段階の文法説明では，従属節および主節の動詞形に習熟させ，表す時間帯は過去ではなく現在であることを理解させます。板書する基本文は次のとおりです。

　　基本文：If I were a/an [　　1　　], I would [　　2　　].
　　　　　 If I had [　　3　　], I would [　　4　　].

　教師は［ 1 ］［ 3 ］に入る名詞を指示し，生徒は［ 2 ］［ 4 ］に語句を補い，英文を完成します。易しい単語と話題を選ぶようにします。

T : What would you do if you were a dog?
S_1 : If I were a dog, I would run around in a field all day.
T : How about you, S_2? What would you do if you were a dog?
S_2 : If I were a dog, I would become a guide dog and help the blind.
（このあと，If I were a cat に話題を変えて数人を指名）
T : Let's change the topic. Imagine you won three hundred million yen in a lottery. What would you do if you had three hundred million yen?
S_3 : If I had three hundred million yen, I would buy a yacht and sail all over the world.
T : How about you, S_4?
S_4 : If I had three hundred million yen, I would give it to UNICEF.
T : Oh, you would donate all the money to UNICEF. You are a good boy.

　もちろん，最初からこのようにうまくいくとは限りません。生徒は自分が知っている単語で処理しようとしても，適切な語が思い浮かばず，教師に助け

を求めることがあるでしょう。たとえば，S_2 が「盲導犬」と言いたいのに，そこで言い淀んでいれば，教師は素早く助け船を出し，その後の発言へと導きます。また，「寄付する」を give で代用した S_4 には，教師が donate を用いて言い直し，その語をクラス全員に教えるといった配慮も必要です。いずれにせよ，教師はこのような活動を 1～2 回行っただけで，うまくいかなかったからといって諦めるのではなく，授業の中で継続して取り入れる決意が肝心です。そうすれば，生徒の方でも言いたいことをうまく表現できないときにはどうすればよいのか考えるようになり，コミュニケーションに必要とされる方略的な能力（strategic competence）を身につけることができるのです。

3 まとめ

　授業で口頭英作文を行う際に指導者が留意しなければならないことを三つまとめます。まず一つめはスピードです。問いやキューは適切にテンポよく与えなければなりません。また，答えがすぐに出てこない生徒に対しては，普段の指名よりも考える時間をやや短くするなど，生徒に少し負荷をかけるくらいのリズムで授業を進めます。したがって，スピードは学習者にも要求されます。ただし，ここでいうスピードとは，英語を話すときに大切なこととして言い古されてきた「英語で考える」ことと同義ではありません。これは英語学習者にとっては理想かもしれませんが，普通の日本語母語話者であるわれわれが英語を話すときには，日本語から英語への表出プロセスを意識した翻訳作業が必ず伴うものです（第 5 章参照）。つまり，われわれは文の要素を考えながら，日本語で考えて英語を出す作業を行うことでリアルタイムに英語を話しているのです。そうであれば，英語を話すためには，英語で考えるよりはむしろ頭の中での英作文に要する時間をできるだけゼロに近づけることを目標にする方が有効かもしれません（岡他，2004）。そこで，口頭英作文では，学習者にも素早く反応することを求めながら，指導者のリズム感あふれる手綱さばきで適度なスピードのある授業を目指したいものです。

　二つめに留意しなければならないのは文法の正しさです。本章で紹介した口頭英作文は教師が学習者の発話に一定の制約を加える形態が主だったため，学習者が自由に発話できる形態に比べると多分に訓練的な要素があります。訓練

であればこそ，発話の流暢さ（fluency）と正確さ（accuracy）を対立したものと捉えるのではなく，むしろともに目標にすべきものと考えましょう。岡他（2004）は，インプットの限られた外国語学習ではインプットをたくさん与えるだけではスピーキング力が自然に育つとは思えず，かといって即座に自由会話といってもできるわけはないので，日ごろから少しずつでも訓練をする必要があると述べています。日本の英語授業における訓練とは，学習者の発話の量を増やすことにより流暢さを高めつつ，いま学習している言語材料に正確に慣れ親しませることと考えるべきでしょう。

文法の正確さを大切にすることに関しては，学習者側のニーズからも論じておかなければなりません。フォトス（Fotos, 2002）は，EFL の学習者は ESL の学習者と比べ，英語使用の場面と必要性がきわめて限られており，そのニーズはコミュニケーションにあるというよりはむしろ試験で正確に答えられる文法の習得にあると述べています。定期試験でよい成績を収めることはもとより，入学試験にも合格できる英語の力を保障するには，コミュニカティブな活動の価値は認めつつも，学習者の文法の正確さを育むための言語形式の焦点化（focus on form）の観点からの指導も重要になります。

三つめの留意点は学習者が口頭英作文で言えるようになった英文を筆記英作文によって書けるようにさせ，学習内容を強化（reinforcement）することです。口頭英作文は「『話すこと』と『書くこと』の中間的な存在」（塩澤他, 2004, p.101）とされますが，発表技能（productive skills）として「話すこと」と「書くこと」は共通した技能です。ひとつ異なるのは，口頭英作文も含めて話すときには時間的な制約があるのに対し，書くときには時間的な猶予があることです。この時間的な違いを利用して，スピーキングの技能を伸ばすためにも，ぜひ筆記英作文も取り入れたいものです。その際，教師は学習者が調音化した語を正しく文字化できているか確認するとともに，特に初学者に対しては，彼らの英文が句読法（punctuation）まで含めてライティングとしてきちんと通用するかチェックすることが大切です。

かつては中学と高校を問わず，英語の授業で頻繁に行われていた口頭英作文が，最近ではあまり顧みられなくなったのは残念な気持ちがします。その原因として，授業が教科書本文の解釈だけで進められたり，アウトプットの活動を行うときでも，われわれ教師の関心が派手で見映えのよいコミュニケーション

活動ばかりに向いてしまっていることが考えられます。しかし，教科書の解釈だけで生徒のアウトプット能力を伸ばすのが不可能なことは自明であるのに加え，近年，コミュニカティブ・アプローチ（Communicative Approach）に対しても以前ほどの信頼は寄せられていません。このような時こそ，本章で紹介したような口頭英作文をぜひ授業で取り入れてみてはいかがでしょうか。

〈注〉

(1) 中学校用英語教科書 *New Horizon English Course*（東京書籍，平成18年度版）Book 3, p.22.
(2) 中学校用英語教科書 *One World English Course*（教育出版，平成18年度版）Book 2, pp.6-7.
(3) 高等学校用英語教科書 *Expressways I*（開隆堂，平成19年度版），p.11.

第7章

コミュニケーションにつなげる条件英作文

1 指導の背景

(1) 海外におけるライティング指導の流れ

　ライティング指導は外国語教授法の変遷とともに変化してきました。アメリカ構造主義言語学と行動主義心理学を理論的背景にもつオーディオ・リンガル・アプローチ（Audio-Lingual Approach）全盛期の1950年代から60年代は，音声が中心（Fries, 1945）であり，ライティングは主として口頭練習をした文型を定着させるための副次的な存在でした（Brooks, 1960）。その後もライティングは，他の三技能を支える二次的な活動，また，伝達や表現のためというより他の技能の学習に奉仕する活動（service activity）をとみなされ，言語形式の正確さが重要視されたのです（Paulston, 1972；Rivers, 1972）。この時期のライティングは基本的には制限作文（controlled composition）で，プロセスよりプロダクトに焦点が当てられていました。1970年代になると，writing for learning から writing for communication に関心が移り，書くプロセスを大切にするプロセス・アプローチ（Process Approach）が広まりました。この背景には母語での作文教育における変化があります。指導の重点がプロダクトからプロセスに移り，外国語のライティング指導もその影響を受けました（Zamel, 1982; Raimes, 1983）。プロセス・アプローチは学習者中心の指導法であり，現在のライティング指導法の主流です。そして1990年代に入ってからは，情報化社会の進展の中で，インターネットという新しいコミュニケーション手段が急速に普及し，授業でも電子メールでの外国とのやりとりなど，実際のコミュニケーション活動につながるライティングが行われるようになっています。

(2) 日本の学校教育におけるライティング指導

 ライティングの観点から学習指導要領を歴史的に振り返ってみると，1947（昭和22）年に発表された戦後初の『学習指導要領英語編（試案）』（大村他，1980；戦後教育改革資料研究会，1980）では，作文は文法と同じ教科書で扱われることになっていました。作文は文法を学ぶためものであったことを反映していると考えられます。その後も日本の英語教育はアメリカ構造主義の影響を強く受けたため，文型や文法などの言語形式重視の指導が長く続きました。高等学校では1978年（昭和53）年に「英語Ⅰ」「英語Ⅱ」という総合科目と並行して，書くことに特化した「英語ⅡC」が設定されましたが，その内容は依然として文法学習に準じたものであったといえるでしょう。それに変化の兆しが見えるのは，コミュニケーション能力育成が目標になった1980年代後半からで，学習指導要領の「ライティング」の目標にもそれがはっきりと示されています。2004（平成16）年度改訂版の「ライティング」の教科書を見ると，文法シラバスを基本に編纂されてはいますが，言語形式より伝達形式に重点が置かれており，コンテクストのある範例文，言語機能中心の構成といった点で，以前とはかなり違っています。練習問題も従来の和文英訳や空所補充に加え，自己表現活動としての英作文問題も設けられていますが，実際の授業ではここを扱わずに次の課に進んでしまうことが多いと思われます。2008（平成20）年に学習指導要領の改訂についての答申がなされましたが，外国語の改訂の基本方針として実践的コミュニケーション能力をより高めるために中学校，高等学校ともに「聞くこと」，「話すこと」，「読むこと」「書くこと」の四技能をバランスよく総合的に指導することが示されています。高等学校では，「ライティング」や「リーディング」が消え，代わりに「コミュニケーション」が基本になった新しい科目が設定されています。伊東（1999）は聞くことと話すことに加え，読むことと書くこともコミュニケーション活動であることを早くから指摘していますが，これからはコミュニケーションを意識した作文指導をもっと積極的に行うことが求められるでしょう。

(3) なぜ条件英作文か

 「コミュニケーション活動につなげる」ということばを聞けば，すぐに「自由作文」を思い描きがちです。確かに自由作文とは自分の考えを書き表すもの

で，ライティング指導の最終到達点といってもよく，学習指導要領の目標にもなっています。しかし，日本語でさえけっして容易とはいえない自由作文を英語で書くのは，多くの生徒にとって心理的にも技術的にもハードルが高く，面白くないどころか，苦痛にさえなってしまいます。また，教科書で扱われているパラグラフ・ライティングやエッセイ・ライティングも，本格的なものは高校生レベルでどこまでやるべきかといった課題もあります。教師の側からすれば，時間の制約がある中で添削指導などの煩雑さから自由作文を避けがちであり，書かせたとしても年に1，2回程度が多いのではと思われます。実際に書いてこそ書く力はつくものですが，これではアウトプットの量が少なすぎて，書く力をつけることもあまり期待できません。もっとアウトプットを増やすにはどうすればよいでしょうか。それにはまず生徒が書きたい内容があること，そして書きやすい手順があることです。

　そこで提案したいのが，コミュニケーションにつなげることを意識した条件英作文です。この条件英作文は，使う形を制限した従来型の制限作文というよりも誘導作文（guided composition）に近いものであり，自由作文とは異なり，「条件」という枠を利用して生徒をうまく誘導していくことができます。条件作文そのものはけっして目新しいものではありません。ただ，これまでは writing for communication をあまり意識することなく，指導の力点はいかに文法を使わせるかに置かれていたといえるでしょう。たとえば，「仮定法」という形式面の条件を与えての作文は，学習した文法項目の定着には役立っても，どういう場面やコンテクストで仮定法を使うかの学習にはならず，読者を想定して書かれることもありません。しかし，条件の出し方を工夫することで，生徒の想像力・創造力を刺激し，形式面の学習のみならずコミュニケーションにつなげる学習へと展開させることができます。なにより，ライティングが自己表現活動になると，生徒の書く意欲が高まり，教師が驚くようなアイディアにあふれた作品が生まれます。

2　指導の実際

　ライティング指導はさまざまな授業で行うことができます。高等学校を例にとれば，「ライティング」「英語Ⅰ」「英語Ⅱ」「オーラル・コミュニケーショ

ン」などの従来の科目はもとより，学習指導要領改訂に向けての中央教育審議会答申で示された「コミュニケーション英語Ⅰ」「英語表現」などにおいてコミュニケーションにつなげる条件英作文を書かせる機会はたくさんあります。それでは実際にどのような「条件」が考えられるか，実践例を示しながら四つの「条件」を具体的に述べていきます。実践は高等学校で行われたものですが，基本の考えは中学校でも応用できるでしょう。

(1) プラス1の要素を組み込む

　助動詞 can を使った作文を例にとると，生徒自身に実際にできることを書かせるという指導はよく行われますが，ここでは，さらに一文書き加えるように指示をします。使用した教材[1]には，次のような設問と例が示されています。斜字体の部分がプラス1に当たるところです。

> Everybody has some abilities. What can you do? Write three sentences.
> 　e.g.　I can cook delicious Italian food. *My friends love my lasagna.*

　次に示すのは，一人の生徒が書いた作文です。

> ・I can play the piano. *I used to learn it.*
> ・I can sleep everywhere. *I often oversleep on the train.*
> ・I can cook "Yakimeshi." *It's the only dish I can cook.*

　最初の can を使った文に一文を足すことでメッセージ性が高まり，can を「できる」という日本語に単に置き換えるだけでなく，can のイメージを具体的に膨らませることにより can という語の定着を図ることができます。

　次は，一文からさらに進んで，数文を続けて書かせ，より内容のある作文に挑戦させます。文法の指導については，基本構文を教えた後，和文英訳や空所補充で定着を図ることが一般的ですが，指示の出し方を工夫すれば意味のある作文を書かせることができます。たとえば，「仮定法」の指導を例にとると，If I were　A　, I would/could　B　. のAとBの部分に自由に語（句）を書かせた授業を行ったとき，生徒たちはAの部分に a magician, Golden Retriever, the cleverest person in the world, the sea, Doraemon など実にさまざまな単語を書きました。a boy や rich を書き入れた生徒は複数いましたが，B に入る語（句）まで他の生徒のものと同じということはまずありませんでした。これだけでも生徒の多様な自己表現が反映された作文になりますが，ここから一歩進めて，さらに数文続けて書くように指示すると，さらに生徒の個性が作文に吹き込まれると同時に，仮定法をどのような場面で使うのか，どのような気持ちがこめられているのかといったことを実感させることができます。仮に If I were a bird, I would fly to see you. とモデル文を借用して書いたとしても，なぜそのように願うのかコンテクストが明確になります。具体例を見てみましょう。

[作品例1]

> **If I were** the moon, **I would** always shine all the ground. And I would make friends with clouds and stars. In Tanabata Festival once a year, I would light two stars. On Christmas once a year, I would ask the sky to be snowy, and light the snowy ground. I wish I were the moon.

本来ありえない月になりたいという願望で，仮定法が適切に使われています。この作品は発展させれば童話にでもなりそうです。

[作品例2]

> **If I were** a bird, **I would** fly in the sky and see various things from the air. I would find many things. What are birds talking with other birds? To humans or to me, they seem to enjoy talking. I want to join and talk with them. Do birds also have their own language? If I could speak their own language, I would be happy and learn many things from them.

この作品を読むと，生徒は現在形と仮定法過去をしっかり使い分けていることが分かります。

また，If I won 100 million yen in a competition という同じ条件節を与え，帰結節とそれに続く文を自由に書かせたところ，生徒それぞれの夢や願いが投影された作文になりました。

[作品例1]

> **If I won 100 million yen in a competition**, I would go to space. Mamoru Mohri had an impact on me when I was in an elementary school. I learned much about space from him. So if I could go to space, I would undergo a great experience.

[作品例2]

> **If I won 100 million yen in a competition**, I would spend fifty millions on gambling in Las Vegas. Even if I made very good money with it, I would not tell anybody about it, and I would scatter the rest of the money against the crowd from the rooftop.

[作品例3]

> **If I won 100 million yen in a competition**, I would travel around the world by ship for two years and contribute myself to sufferers with the rest of the money. Not only I but also others want to be happy. Maybe it will never happen in my lifetime. It would be a miracle, if I were to win 100 million yen in a competition.

　このように同じ課題を与えても生徒が自由に書く余地があると、自己表現につながる作文が生まれます。自分が表現したいことや関心があることについては熱心に書くものであり、結果的にアウトプットの増加につながります。

　また、授業ごとに数人の生徒の作品を全員にフィードバックすると、生徒は互いの発想の違いに気づいたり、自分の作品が選ばれることを期待して、より良く書こうという動機づけになったりします。英作文は添削が大変だからという理由で敬遠されがちであり、また、添削は教師の膨大なエネルギーを必要とする割には英作文の力をつけることには役立たないという指摘があります。これは議論の分かれるところですが、添削が不要だというのではなく、添削は最小限にとどめ、むしろ内容に関して共感や励ましのコメントや質問などを英語で書いて返却すると、生徒は「読んでもらった」という満足感をもち、次回への意欲が湧いてくるのです。さらに、こういったフィードバックが教師と生徒

の間に信頼関係をもたらし，生徒が書くことに積極的になる要因ともなります。接続詞の使い方や句読点の付け方など形式面のよくある間違いは，個人へのフィードバックだけでなくクラスで全員に説明すると，問題点の意識化と共有化ができて次回の作文に生かすことが期待できます。

(2) 使う単語のリストを与える

　単語の学習は意味や綴りの暗記に終わってしまいがちですが，ここで紹介するようにコミュニカティブな条件英作文に展開させることもできます。たとえば，生徒に単語リストを与え，そこから自由に3語を選んで話を作るという活動を紹介します。この活動では3語を関連づけてメッセージ性のある内容にするには一文では不十分なので，自然にアウトプットが増えることになります。下の実践例で生徒に示した単語は cat, fish, chocolate, ice cream, pineapple, rose, tea, soap, feathers, the sun, rainy, perfume, cactus ですが，自分の体験から書いたと思われるものや，想像力を駆使して作り上げたものなど，個性あふれる作品がたくさん生まれました。以下はその中から抜粋した実践例です。

　まず，食べ物の単語ばかりを使った作品です。

・I want to go to Hawaii, because Hawaii reminds me of good foods. For example, **chocolate**, **ice cream** and **pineapple**. Especially I want to eat ice cream now.
・I like **chocolate and ice cream** very much, but I don't like **pineapple**, because I once got sick from eating too much pineapple.

　次は身近なペットを題材にしています。

・When I was drinking a cup of **tea**, my **cat** came near me. But I wore my favorite **perfume**, so she gave a great sneeze and ran away at once.
・I washed my hands with **soap**. I was going to cook **fish**, but my **cat** caught the fish!

　自然をテーマにした作品です。

- There was once **fish** in the river. But **the sun** didn't set in, and the river dried up and became a desert. So cactus came out in the desert.
- I love a sunny day. **Cactus** and **pineapple** love the sunshine, too. Cactus grows in hot countries. Pineapples also grow in the tropics. As you know, **the sun** shines and grows them up.

よい香りが漂ってくるような作品もあります。

- The **perfume** is made from **rose**. The perfume case is a shape of **fish**.
- It was **rainy** yesterday. But I went to the pharmacy to buy **soap**. There were many kinds of soap. I bought a soap which smells **rose**.

最後に，単語をうまく組み合わせて，物語風に仕上げた例です。

- Miss **Rose** laughed and said to Miss **Soap** and Miss **Ice Cream**, "You'll melt and disappear sooner or later. Ha, ha, ha!!! I'm the most beautiful all over the world!" Miss Soap and Miss Ice Cream were angry, and said, "Shut up!"
- A princess got stuck to the thorn of **cactus**. The cactus had poison. The prince who rode a horse with **feathers** was watching it. The princess was very beautiful, so the prince saved her using a magic **soap**.

　与える単語の数はあまり多すぎると選ぶのに時間がかかり，少なすぎるとイマジネーションが膨らむのに制約ができてしまうので，10語前後が適当です。また，クラスの状況をみて単語数の増減を判断すればよいでしょう。なお，この単語リストは学習した単語を使って作成すると，単語の復習にもなり，また，単語の使い方が学習できるという利点もあります。

(3) コンテクストを与える
ア) 身の上相談に答える
　文法の学習は形式の説明に終始しがちですが，コンテクストを与えること

で，学んだ文法項目を使ってまとまりのある作文を書かせることができます。実践例では，身の上相談の相手にアドバイスを与えるという設定で，自然に助動詞が使えるようになっています(2)。

Dear Lucy,

　There's a boy in my class who I really like, except I don't really know him. We've said "Hello" to each other, but we've never really talked together. I want to meet him, but I'm very nervous and shy. Maybe he won't like me if I try to talk to him. What do you think I should do? Please give me your advice.

Nervous in School.

これに対して生徒が書いたアドバイスです。

Dear Nervous in School,

　You are too nervous and too shy. Not to do anything is not to start anything. You **should** try to talk to him with your all courage. You **need** not be afraid of anything.

　悩みの相談に答えるには自分でよいと思う解決法を提示しなければなりませんが，そのときに must, should, need, can などの助動詞を使う必要性を実感できます。上の例でも，適切な場所で適切な助動詞を使っていることが分かります。

イ）賛成意見，反対意見を述べる

　ある事柄に対して賛成か反対かを述べるのはよく行われる活動であり，教科書の練習問題にも多く見受けられます。実践例では，Daylight Saving Time（サマータイム）に関する英文を読ませた後，日本でサマータイムを実施することに賛成か反対かと，その理由を考えさせました。この場合，文法の学習ポイントが比較級なので，先に基本的な比較級構文を教え，なるべく比較級を使って作文をするように指示を与えました。

[回答例]

I would like to try Daylight Saving Time in Japan because
- I can play **longer** with my friends.
- we use **less** electricity.
- I think daylight saving time is **more effective** than normal time.
- I can swim **longer** and I like sunshine **better** than darkness.
- my mother comes home **earlier**.
- I have **more** time to practice archery.
- I can enjoy shopping until **later** than now.
- we can enjoy BBQ, sports, walking etc. **later** in the evening when the sun is up but it is cool.
- I can eat dinner in the garden with my family

I would not like to try Daylight Saving Time in Japan because
- Japanese workers must work **more** than now.
- we have **less** sleeping.
- in Japan they use **more** electricity because the air-conditioners are used while it is light.
- night workers aren't able to begin their job.
- I think it is very troublesome.
- I think Japanese people can't stick to anything for long.
- I will mistake real time if we use "summer time."
- Japanese people work long & hard days, so at night they want it dark so they can sleep.

　回答例が示すように，自分の日常生活や日本の社会環境と関連づけていることから，場面に適した表現の練習になっていることが分かります。賛成・反対の理由を複数書かせると，それをもとに簡単なワンパラグラフ・ライティングへと発展させていくこともできます。

ウ）本文の内容を発展させる

　リーディング教材を読んだ後に，空所補充の形で内容をまとめたり，英問英

答で内容を確認する活動はよく行われます。ただ，それだけでは発展性がありません。その内容をもとに自分の考えや感じたことを書かせる活動が必要です。実践例では，教材(3)の"Our Precious Wildlife"という章を読んだ後，グループに分かれて，日本で絶滅の危機にある動物に関してどういうメッセージを書くかを相談させました。一つのグループは，その章に登場したアホウドリ，イヌワシ，日本カワウソの挿絵とそれにつけた吹出しの中にそれぞれが置かれている状況や人間に訴えたいことを書きました。

I am *Ahodori*. Do you know about me? We live in Torishima in Izu-shoto. We had a lot of mates before. But there are only about 400 now, because man caught many of us. We are a special natural monument. Man is trying to protect us now.

Hi, how are you? I'm *Nihon Inuwashi*. We live together in harmony with all kinds of creatures. For example, we have a pyramid system in nature. And we are on the top of the system, so we are not so many. Now we are in danger, because the bottom creatures are rapidly decreasing because of human development. We want our original style back. Please save our life!

Hello! I am *Nihon Kawauso*. We are mostly in Eurasia but in Japan we are threatened with extinction and few of us live in Shikoku. Please understand that you are not the only creatures in this land. As development proceeds, our nature is destroyed. We want you to learn the importance of nature and respect it.

　野生動物の立場に立って一人称で書いたことで，訴える気持ちがよりストレートに表現されています。

エ）出会いをテーマに物語を作る

これは A Boy Met a Girl / A Girl Met a Boy というコンテクストの中で，物語を作り上げる実践例です。同じコンテクストであっても，その展開の仕方は実にさまざまです。出会いの場面や年齢設定をどうするか，場所は日本か外国か，結末をどうするか，実話風か童話風かなど，たくさんある選択肢の中から何を選ぶかは一人ひとりの自由であり，だからこそ楽しんで書けるのです。これがライティング成功の鍵といえるでしょう。また，この活動はグループ学習にも向いていて，内容，構成，展開，そして言語表現についてグループ内で活発な意見交換ができます。

二つの作品を紹介します。斜字体は ALT のコメントです。

[作品例1]

One day a boy came to the forest. His name was Taro. He was a little boy. He liked all the animals. It was a very hot day. He was sitting under the big tree with many animals. He could talk with animals, trees, and flowers. The big tree was older than anything else so he knew everything all over the world. Taro asked him, "Is somebody here?" Then a girl fell down from the tree. She was very cute, and asked Taro, "Who are you?" They enjoyed talking. Taro made friends with her, but he didn't know her name. "What's your name?" said he. She answered, "I am…"

Just then the bell rang. It was morning!

Too bad it was only a dream, eh?

[作品例2]

Jim was eighteen years old. He left America for Europe in a big ship to study cooking. It would take a week. He was very excited. His dream was to become a French chef. His father was a chef but he died a few years ago.

One day, Jim was eating breakfast alone on the ship. Suddenly a waitress fell down near his table, and poured wine over his clothes. He got so angry and said, "What are you doing?" She said, "I'm sorry. I'll wash your clothes right now." But he went back to his room.

A few hours later, she brought a new suit for him. Then Jim and the waitress laughed together and fell in love. Jim stopped going to Europe and worked on the ship with his girlfriend. They decided to live on the ship forever.

Very romantic. I hope he still could cook French food for her.

　作文を提出しても，フィードバックが何もなければ生徒の書く意欲は確実に減退してしまいます。上の例のように，内容に関するコメントが添えられていると，自分が考えた物語を ALT が実際に読んで理解してくれたことが分かり，大きな励ましとなります。ALT はオーラル・コミュニケーションや英会話を担当することが多いのですが，ライティングの指導に参加してもらうと，「JTE にはできにくい適切な指導が可能」（上田，1999, p.136）となります。

(4) 素材を与える
ア) 絵やグラフを説明する
　ここで紹介するのは，1 枚の絵，また 4 コマの絵を示して，その内容を説明させる活動です。素材は絵を使って作文をさせる市販の問題集や新聞の漫画など，いろいろ考えられます。ただし，「この絵に描かれていることを英語で述べなさい」という指示では，どういうふうに書けばよいか，多くの生徒は途方

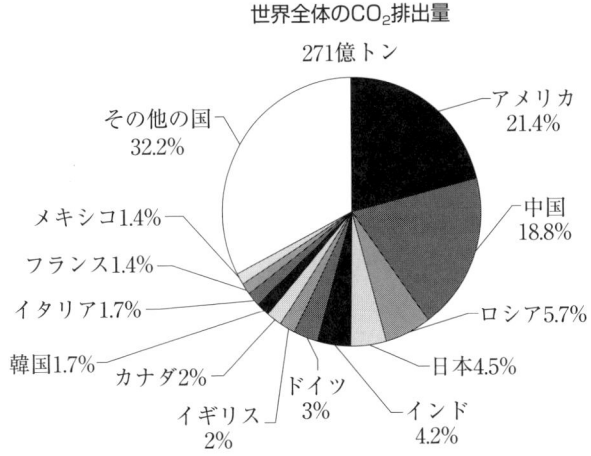

世界全体のCO_2排出量
271億トン

その他の国 32.2%
アメリカ 21.4%
中国 18.8%
ロシア 5.7%
日本 4.5%
インド 4.2%
ドイツ 3%
イギリス 2%
カナダ 2%
韓国 1.7%
イタリア 1.7%
フランス 1.4%
メキシコ 1.4%

（出典：IEA CO_2 Emission from Fuel Combustion 2007年をもとに環境省作成）

に暮れてしまいます。一つの方法は，英問英答で書かれた答えをうまくつなぎ合わせて，まとまりのある文にするというものです。もう一つは，最初や最後の語句は与えておいて，真ん中の空白部分にオリジナルな文を入れて完成させるというものです。始めのうちは空白部分を短くし，慣れてくるにしたがって徐々に空白部分を長くしていけばよいでしょう。また，グラフが示す数字やデータを説明するのは，高学年向けの活動ですが，事実を客観的そして論理的に表現する練習にもなります。「世界全体のCO_2排出量」のグラフをもとに高校3年生が書いた作文を二つ紹介しましょう。

[作品例1]

> It is true that the amount of CO_2 emission from the United States of America is so tremendous that she occupies a fifth of the world CO_2 emission. However, the amount of CO_2 is great not only from the developed countries—U.S.A, Japan, and the primary countries in EU—but from the developing countries such as China, Russia, and India.

[作品例2]

> I would like to state this graph in terms of areas. The U.S emits the largest amount of CO_2 not only in the American continent but also in the world. On the other hand, in Asia, China is the top producer of CO_2, followed by Russia and Japan. I found it interesting on the graph that European countries discharge a small amount of CO_2, even though some of them are developed countries.

これらの作品例にはあらかじめ60語程度にまとめるという指示があったのですが，CO_2排出量に関する自分の考えを述べるところまで語数を増やして書かせると，さらにメッセージ性の高い作文になります。グラフの読み取りに関しても，前ページで触れた4コマの絵の場合と同様，英問英答でポイントを押さえて誘導したり，作文に必要な表現をあらかじめ教えたりしておくと，それを手助けにしてうまく書かせることができます。

イ）映画を要約する

　絵やグラフは静止した素材ですが，今度は動く素材を使った作文を紹介しま

す。現在は多くの学校に視聴覚機器や視聴覚教室が整っており，ビデオやDVDを使って授業することが可能になりました。リスニングに集中させるためにも基本的には字幕を消した状態で，教師が単語やストーリー展開について簡単な解説を与えながら鑑賞させます。また，記憶の保持・再生の観点から上映時間は1回20分くらいが適当です。以下の実践はティームティーチングで行いましたが，JTEまたはALTが単独で行うこともできます。素材はWallace & Gromit–The Wrong Trousersというクレイメーション[4]で，悪者ペンギンが企てた事件に巻き込まれたWallaceを愛犬のGromitが救うというストーリーです。ALTが要所でビデオを止めては生徒に内容確認の質問をしたり，inventor, penguin, broke, mechanical trousers, wanted posterのような綴りが難しい単語や聞きなれない単語を板書して説明を与えたりしました。上映後に書かせたまとめから作品例を二つ紹介します。

[作品例1]

> There lived Wallace and Gromit. They were inventors. One day Wallace gave a present to Gromit. It was crazy mechanical trousers. Wallace was broke. He thought of letting a room. A penguin came to their house. He was a very bad boy, and he planned to steal a diamond.
>
> The next morning, he was measuring the building which had a diamond. Gromit tailed the penguin and saw a wanted poster. This poster looked like a rooster, but it was a penguin. The penguin used mechanical trousers with Wallace to steal the diamond. He could get a diamond, but Gromit chased and caught the penguin.

[作品例2]

> Wallace was living with Gromit. They were inventors. Gromit was given a collar, and mechanical trousers by Wallace on his birthday. Wallace was broke because he bought birthday presents. Then Wallace let out Gromit's room. A penguin rented the room, and Gromit, who got kicked out of his room, ran away from his house.
>
> Then Gromit saw a rooster's wanted poster. Gromit followed the

penguin and saw the penguin measuring the museum. That night, Wallace was made to steal a diamond by the penguin who wore a glove on his head. Wallace set off the alarm. The penguin ran away from the museum to Wallace's house.

Gromit awaited and trailed to catch the penguin. But the penguin took out a gun. Gromit and Wallace were shut up in the wardrobe. But they escaped there, and chased the penguin. The penguin rode on a toy train to run away. Gromit rode on it, too. Gromit and Wallace chased him for a while, and the toy train crashed into the wall. They were thrown out on air. And Gromit held a bottle and the penguin got into it. The penguin was caught. Wallace was given a lot of rewards. The penguin was gone to the zoo.

二人の生徒の作文を比べると，作品例1はおおざっぱなまとめ方ですが，作品例2はかなり細かく描写しています。始めのうちは，ストーリーのポイントを押さえるように質問し，その答えをもとにまとめる作業をさせるとスムーズにたくさんの量の英文を書かせることができます。提出させた作文は，簡単なコメントを添えて返却すると同時に，他の生徒の作文とALTが書いたモデル文をプリントしたものを生徒にフィードバックします。モデル文があることで，生徒は自分の作品と読み比べて，構成の方法や適切な表現を学ぶことができます。また，学習の効果をさらに上げるためには，プリントを配布して終わりにするのではなく，モデル文を教師が読んで聞かせたり，生徒に音読させたりするとよいでしょう。

3 まとめ

書くという技能は，他の三技能と比べて複雑な要因が多いといわれており，母語であれ外国語であれ，一定期間訓練しなければ身につかない技能です。それにもかかわらず "the neglected child in the family of the four skills" (Freedman *et. al.,* 1983) という呼び名が示すように，指導においても研究においても重要視されない時期が長く続きました。しかしながら，コミュニケーション志

向の英語教育が受け入れられるようになるにつれて，ライティング技能およびライティング指導のあり方も見直されてきています。和文英訳一辺倒から脱却して "writing as reading for someone else" (Raimes,1983, p.263)，つまり読者を想定した英作文が求められるのも自然な流れでしょう。とはいえ，コミュニケーションにつなげる作文を書くのはけっして易しいことではありません。どうすれば，生徒の心理的負荷を軽くして気軽に楽しく書けるようにできるのか。その一つの解決策として本章では新しい形の条件英作文を提案しました。

この条件英作文の実践には三つの利点があります。一つめは，生徒に書く自信を与えられることです。作文が苦手だという生徒は実に多いのですが，理由を尋ねると「どう書いていいか分からない」「正しい英文が書けない」という答えが返ってきます。確かにある程度の文法知識と辞書があれば自分の力を少し超えた英文でも読めるのに対し，作文を書くとなると話は別です。そこで作文に条件という標識をつけて「この標識にしたがえば目的地に到達できる」ことを示してやります。目的地に到達できると達成感が得られ，それが自信につながります。

二つめは，生徒の書く意欲を引き出せることです。和文英訳なら多少の表現の違いはあってもほとんどが同じ答えになるでしょう。しかし，実践例が示すように，同じ「条件」を与えても生徒が10人いれば10人書く内容が違います。加えて，自己表現には喜びや楽しさが伴います。基本となる形式さえきっちりおさえて指導すれば，あとは生徒が自由に想像力を働かせ，自分の書きたいことを表現するのにまかせればよいのです。書くことをめんどうがる生徒も，意欲的に書くようになります。

三つめは，自然にアウトプットの量が多くなるということです。作文の「質」と「量」に関してはたびたび争点になってきましたが，書く技能は実際に書いてこそ身につくのですから，中学校・高等学校レベルでは「質」を求めて「量」が減るより，たくさん書かせることの方が大切ではないでしょうか。生徒は書きたい内容があれば積極的に書きます。授業の終わりのベルが鳴っても，脇目も振らずに書き続ける姿を幾度となく見てきました。「条件英作文」の「条件」次第で，作文の長短は決まりますが，まずは短くても回数をこなせば，それだけ「量」は増え，次第に書くことに慣れていきます。

ライティングに焦点を当てた授業もコミュニケーション活動になると，教師

と生徒，生徒と生徒の間の相互交流が増え，なごやかな雰囲気が生まれます。こういう中でこそ，生徒は自由な発想で楽しみながら書くことができます。教師の役割は，生徒が興味をもってどんどん書くような工夫や仕掛けを作ることなのですから，「与える条件」も本章で紹介したものに加えて，個々の授業に適した「条件」を考え出してください。

〈注〉

(1) Ellington, G. (1995). *Writing through the skills*. Tokyo : Macmillan Languagehouse, pp.124-125
(2) 上掲書，p.124.
(3) Okajima, N. & Hartley, S. (1993). *Green Issues*. 東京：桐原書店，pp.28-29
(4) クレイメーションとは粘土細工をコマ撮りして作ったアニメーションのことである。

第8章

英作文から会話作文へ

1　指導の背景

(1)　会話作文とは

　日本の従来の英語教育で，英作文と聞いて，まず思い浮かべるのは日本語を英語に置き換える和文英訳のことでした。その日本語はたいてい一文で，それぞれが脈絡なく個別に出題されるため，すべての問いに答えて順に並べたところで，段落や会話になることはありません。しかし，近年，コミュニケーション能力の育成が求められ，論理的な結合性（coherence）を伴わない和文英訳に替わるものとして，まとまった内容の英文を書かせるパラグラフ・ライティングの指導が試みられるようになり，現在ではこの活動は高校のみならず中学校においてもさかんに行われています。

　さて，ここで紹介する会話作文とは，馴染みのないことばかもしれませんが，パラグラフ・ライティング同様，論理的につながりのある，まとまった内容の英文を書く活動です。ただし，パラグラフ・ライティングのように叙述体（narrative）の文章を書くのではなく，「会話作文」の呼び名が示すように，会話文（dialog）やシナリオ（scenario）を書くのです。またこの他にも，リーディング教材を与えて，それを会話文に構成し，作文することも含まれます。以下，本章では後者の活動，すなわちリーディング教材をもとにライティングにつなげる活動例を紹介します。

　これまでのライティングは，他の三つの技能（リスニング，スピーキング，リーディング）とは関連なく，単独で指導されることが多くありました。しかし，四技能の統合的な指導について考えるとき，教科書のリーディング教材をライティングにも活用しない手はありません。教師と生徒の双方にとって最も

重要で，かつ馴染み深い題材を提供してくれるのが教科書であれば，「教科書教材をいかに効果的に活用するかが大きな課題」(伊東, 1999, p.16) とされるのも当然です。会話作文は，一つの教材をもとに，リーディングをライティングやスピーキングに発展させることができ，複数の技能の統合的な指導に格好の活動です。

会話作文でもう一つ見逃してならないのは，文法・文型中心の和文英訳とは異なり，内容中心の活動で，自由英作文による自己表現への橋渡しになるということです。コミュニカティブ・アプローチ (Communicative Approach) が隆盛を極める最近の授業では，自己表現活動として，あるテーマに関して意見や感想などを書かせる自由英作文を課すことが多くなりました。ところが，自由度が増せば増すほど，生徒は何をどう書けばよいか分からず，教師もどのように指導すればよいのか頭を抱える始末です。本章で紹介する会話作文はリーディング教材を素材として，それを加工する活動のため，内容の枠組みと使われる英語のレベルはあらかじめ決まっています。その中で，内容の扱い方や用いる英語の選択が学習者に委ねられるので，自由英作文への前段階として位置づけることができます。では，授業で会話作文を行うことの意義を考えてみましょう。

(2) 会話作文の意義
ア) 話題の展開力を養うことができる

中学校の教科書はもとより高校の教科書でも，会話文のレッスンをよく見かけます。しかし，授業での扱いは日本語訳とペアやグループでの役割練習がせいぜいで，会話における話題の展開方法にまで指導がおよぶことはほとんどありません。ましてこれが物語や論説文になると，教師も生徒も内容理解が精一杯で，談話 (discourse) の流れにまで気を配る余裕はありません。生徒にすれば，英語の授業とは，英語を一文ずつ日本語に置き換えるだけで，話題の展開などは気に留めていないというのが本音ではないでしょうか。さらにライティングでも，たいていは一文単位の和文英訳が中心のため，そもそも話題の展開方法に注意を払う必要などありません。

しかし，私たちの日本語の日常会話でも，挨拶ことばをはじめとする定型表現だけで会話が進行することはまれで，話題をさまざまに転換し，時には脱線

しながら話を続けます。母語の日本語でもこうですから，外国語である英語ではいかに定型表現から脱却して，会話の展開力をつけるかが勝負といえます。会話の展開力とは，詰まるところ内容のある英語を話し続けられる力のことですが，外国語の場合，いわゆるつなぎ語（filler）を自然に使うことができないため，会話が続かなくなったり，ぎこちなくなったりすることがあるのも見落としてはなりません。たとえば，"you know"，"by the way"，"talking of ..."などを適切に使えるよう指導することがここに含まれます。

　さらに，対話では，どちらかが一方的に尋ね，相手はそれに答えるだけというケースは裁判での尋問などの特別な例を除いてはまれで，互いに尋ねたり答えたりしながら展開されます。ところが日本の一般的な授業では，生徒は教師の問いに答えるだけで，知らないことを英語で尋ねる方法や，不確かな情報を英語で確認する表現はあまり指導されません。会話作文では，相手に問いかけるせりふも考えなければならないことから，会話を切り出し，展開し，さらにそれをまとめる英語力を身につけることができるのです。

イ）リーディングを能動的な活動に変えることができる

　英語のいわゆる四技能の中で，リーディングはリスニングとともに受容技能（receptive skills）として位置づけられることから，スピーキングやライティングに比べ，受け身的な活動とみなされる傾向がありました。しかし，1960年代にはグッドマン（Goodman, 1967, p.127）がリーディングを"a psycholinguistic guessing game"と捉え，従来のボトムアップ処理に対して，推測を働かせながら読み進めるトップダウン処理のスキルの重要性を提唱しました。その後も，リーディングは，トップダウンとボトムアップの，あるいはテキストと読み手の相互作用（interaction）とする研究者（Carrell, 1988；Grabe, 1988など）により，その能動的な側面に関心が向けられ，現在に至っています。

　しかし，そのような研究成果とはうらはらに，現在の学校で行われているリーディングの授業は，高校の「英語Ⅰ」や「英語Ⅱ」も含めて，アクティブな活動とは到底いえないのではないでしょうか。生徒は教師の日本語での説明を一方的に聞くだけで，発話といえば，指名されて日本語訳を言うことくらいです。さらに，音読もあるかないかで，あったとしても，教師か付属のCDに続いて本文をそのまま小声で繰り返すだけのおざなりのものです。すなわち，現在のリーディングは授業の形態そのものがきわめて受け身的であることが問題

なのです。

　ここで紹介するリーディング教材をもとにした会話作文は教科書の叙述文を会話文に構成する活動のため，本文の読み方がそれまでの受け身的なものから能動的なものに変化します。定番教材の一つである伝記をもとに会話作文することを例に，このことを説明します。伝記ですから，元の文章の主語は三人称です。従来の授業では，自分とは関係のない他人の物語を読んで，訳して，理解して終わりです。そこで，この伝記教材を主人公へのインタビューに書き直してみましょう。三人称で書かれていた人物が一人称で自分を語り始めます。これだけでも，生徒は元の文章よりも深く教材に係ること（commitment）ができます。さらに，なかには，教科書の行間から主人公の思いや考えを読み取り，それを英語で表現しようとする者が現れるかもしれません。能動的な読みとはこのような読みのことです。ここまでくれば，学習者と教材の間の心理的距離（psychological distance）がぐんと縮まり，読みが活性化されるのです。

ウ）英語を自分のものにしてアウトプットにつなぐことができる

　日本人の英語下手の原因の一つとしてよくいわれることに，日本では英語を使えなくても生活に不自由しないからということがあります。英語が使えないと日常生活はもちろん教育や仕事で不利益を被る人々にとって，英語ができるかできないかは，まさに死活問題です。そのような人たちと比べ，日本人に英語学習の動機づけの切実感が乏しいのは事実です。しかし，それは認めるとしても，書店へ行けば，英語の書籍だけでなく，CDやDVDなどの視聴覚教材も多種多様に揃っているのに，日本人はなぜこれほどまでに英語ができないのでしょうか。それは，そこで使われている英語が，学習者一人ひとりには何ら関係のない無機質な文字や音の配列にすぎないからです。言い換えるなら，学習者が自分自身のこととしてその英語に没入できないため，英語そのものが学習者の頭や心の中に残らないのです。もちろん，このことが唯一の原因であるとか，最大の原因であるなどと言うつもりはありません。しかし，大きな原因の一つであることは確かです。英語学習に対する動機づけの乏しさとともに，英語そのものに自分自身を語ることばとしての実感が乏しいのです。

　これに関して思い出すことが一つあります。それは「英語Ⅰ」でマザー・テレサを扱ったレッスンを教えていたときのことです。「私たちがしていることは大洋の水の一滴にすぎません。しかし私たちがこのことをしなければ，大洋

の水が一滴足りなくなるでしょう」という彼女のことばが紹介されていました。教科書の英文は，"What we do is still only a drop in the ocean, but if we did not do this work then the ocean would be one drop less."とありました[1]。関係代名詞の what や仮定法過去が含まれた文で，生徒にとってけっして易しい英文ではありません。しかし，マザー・テレサの生涯に感銘を受けた生徒たちにとって，この英語は彼女たちの胸を打ち，そのまま頭の中に納まるとともに，自分もこのことばになぞらえて，自身のことを英語で表現したいと思ったようでした。英語が自分のものになった瞬間です。それも，語彙や文法ではなく，内容を伴ったことばそのものが自分のものになった瞬間です。

　では，内容中心（content-based）の授業を行い，そこで学んだ英語を頭の中に蓄え続ければ，それだけで英語が話せたり，書けたりするようになるのでしょうか。最近では，理解可能なインプット（comprehensible input）のみが言語習得につながると唱え，1980年代に一世を風靡した感のあるクラッシェン（Krashen, 1985）への反動からか，言語習得におけるアウトプットの重要性がますます認識されています。たとえば，エリス（Ellis, 2005, p.218）は教室における英語学習の原則の一つとして，"successful instructed language learning also requires opportunities for output"と述べ，生徒にアウトプット活動をさせることの重要性を説いています。リーディング教材をもとにした会話作文はすでに意味を理解した叙述体の英文を会話体に直させるという点から，インプットをアウトプットにつなげるのにまさに打ってつけの活動です。

2　指導の実際

　ここでは，高校の検定教科書のリーディング教材をもとに会話作文する指導例を三つ示します。

(1)　空所補充から会話作文へ

　次に示す教材は，盲導犬クイールとパートナーの渡辺満さんのふれあいを綴ったレッスンの一節です[2]。クイールは映画化されたため，知っている生徒が多く，扱いやすい題材です。映画化やドラマ化された題材は内容理解だけで終わるのではなく，生徒自身がその内容を再構成する授業に発展させたいも

のです。

> Quill was a dog trained to help blind people. His master, Watanabe Mitsuru, was fifty-two years old and did not like dogs before he met Quill. Mr. Watanabe and Quill spent almost one month together at a training center. Even after each day's training period, they were always together. They learned to walk together and built a strong relationship.
>
> Every morning, Quill helped Mr. Watanabe when he rode the bus to his office. Mr. Watanabe was very pleased because he was able to go to faraway places. He understood that Quill was a real friend. He said, "Thanks to Quill, I remembered the feeling of walking when I could see. Now I can't think of life without Quill."

内容理解が済めば，音読練習をさせます。一語ずつの単語の発音はもちろんのこと，単語と単語の間で生起する音の変化（たとえば trained to における [d] の脱落など）も指導します。さらにここでは後の活動を考慮に入れ，本文を読んで終わりにするのではなく，第2章で紹介した創造的音読を行います。つまり，生徒自身が渡辺さんになって音読するのです。

> Quill was a dog trained to help blind people. I was fifty-two years old and did not like dogs before I met Quill. Quill and I spent almost one month together at a training center. Even after each day's training period, we were always together. We learned to walk together and built a strong relationship.（以下略）

これだけでも，生徒にとって他人の物語にすぎなかった教材を身近に引き寄せて理解させることができます。他にも，自己表現につながる英語として，元の文では Mr. Watanabe and Quill となっていた語順が，I を他の者と並べて述べるときには，Quill and I のように一般的に I は後置されることが多いということを指導することができます。

次に，盲導犬訓練所のトレーナーと渡辺さんの会話を単語レベルの穴埋めに

より完成させます。ここでは会話作文の第一段階のため,あまり欲張らず,本文から一語を抜き出させるにとどめます。なお,トレーナーは教科書には登場しないので,そのせりふは教師があらかじめ作成しておきます。

Trainer : How did you feel about dogs before you met Quill?
Watanabe : I did not (　　　　) dogs before I met him.
Trainer : Did your impression of dogs change after you spent almost one month with him at our training center?
Watanabe : Yes, very much. We learned to (　　　　) together and built a strong (　　　　).
Trainer : How does Quill help you when you go to your office every morning?
Watanabe : He helps me ride the (　　　　). Besides going to my office, I can go to (　　　　) places. So I'm very (　　　　).
Trainer : What do you think of Quill now?
Watanabe : I think Quill is my real (　　　　). I can't think of life (　　　　) him.

　内容理解を終えた後の活動のため,けっして難しいものではありません。教科書の英文はともすれば生徒にとって無味乾燥なものになりがちですが,必要な情報を探しながら再読することが求められるため,スキャニング (scanning) やスキミング (skimming) の練習にもなり,リーディングを活性化させることができます。

　また,この活動だけでは生徒は乗ってこないとお思いの読者のみなさんには,次のような音読を併用することをお勧めします。生徒が二人一組になり,渡辺さん役とトレーナー役を決め,背中あわせに起立して,その姿勢のまま音読するのです。このときは文字を見ても構いません。背後からの声は意外と聞き取りにくく,さらにクラス全員が声を発しているため,いつもの音読よりは大きな声を出さないと相手に聞こえないはずです。役割を交代して同じ活動を行ったら,今度は向かい合って Read and look up です。その際,まずは一文ごとに文字を見て音読します。その直後に今度は文字から目を離し,相手を見

て，短期記憶に入ったばかりの音を頼りに文を再現します。長い文を一息で言うのが難しければ，意味の単位（sense group）ごとでも構いません。役割およびパートナーを交代し，各自が渡辺さん役とトレーナー役を最低2回は演じます。毎日の授業が和訳一辺倒では，生徒の頭には日本語しか残りません。しかし，このような活動を適宜加えることで，英語そのものを蓄えることが可能になります。

(2) Q&Aから会話作文へ

次に紹介する文章は，1990年代のなかばに四国のある高校の生徒会が中心になって行ったラオスに学校を贈る運動を描いたレッスンの冒頭部分です[3]。全国的に生徒会離れが目立ち，社会活動も低調になりがちな最近の高校生ですが，同年代の若者の行動の記録として興味をもてる題材です。授業では，この後の活動でも使える表現として，分詞による後置修飾や接触節などの文法項目にも触れておきましょう。

> One day in 1994 a newspaper article came to the attention of a member of the student council of Kochi Commercial High School. The article said that schools were in short supply in Laos. He talked about this in a meeting of the student council. The members were interested in the story and decided to join a project of the Kochi Laos Association to build schools in Laos. They began to collect money through donations and bazaars held in the school festival.
>
> The money they collected in two years was about 1.2 million yen. They sent it to the Laotian Ministry of Education by way of the association. The ministry used the money to build two primary schools in Laos.

本文は出来事を順序どおりに記述しているため，当時の生徒会活動の様子をQ&Aで容易に捉えることができます。次はそのQ&Aのハンドアウトの例です。Handout Aでは下線部に答えを記入すれば，それだけで会話作文を完成させることができ，Handout Bでは生徒のレベルに応じて本文から英語を抜き出し，空所を完成させる形式にしています。なお，その際は前述の（1）の

第8章 英作文から会話作文へ

活動から一歩進めて，内容語を中心に数語補充させる問題を多く用意します。

Handout A

　One day in 1994, a member of the student council of Kochi Commercial High School got interested in a newspaper article about Laos.

Questions & Answers :

1. What did the newspaper article say?

　_____

2. What did the members of the student council decide to do?

　_____

3. How did they collect money to build schools?

　_____

4. How much did they collect?

　_____

5. How many primary schools were built with the money?

　_____

Handout B

　One day in 1994, a member of the student council of Kochi Commercial High School got interested in a newspaper article about Laos.

Questions & Answers :

1. What did the newspaper article say?
   It said that (　　　) were in (　　　) (　　　) in Laos.
2. What did the members of the student council decide to do?
   They decided to (　　　) a (　　　) of the Kochi Laos Association to (　　　) (　　　) in Laos.
3. How did they collect money to build schools?
   They collected money through (　　　) and (　　　) held in the school festival.
4. How much did they collect?
   They collected about (　　　) (　　　) yen.

5. How many primary schools were built with the money?
(　　　　) primary schools were built with the money.

　この活動のバリエーションとして，生徒に問いを作らせてはどうでしょうか。内容理解を中心とした普段の授業でも，このように英語を実際に使う授業でも，常に生徒は用意された問いに答えるだけです。その受け身的な印象を打ち破るためには，生徒に問いを作らせて，読みを能動的な活動に変えることが必要です。また，このことは問いと答えの両方を含むやや長めの会話を作らせる活動の布石にもなります。ここでも生徒のレベルに応じて，全文を作文させても構いませんし，適語を補充させても構いません。

　　One day in 1994, a member of the student council of Kochi Commercial High School got interested in a newspaper article about Laos.
Questions & Answers :
1. (　　　　) did the newspaper article (　　　　)?
   It said that schools were in short supply in Laos.
2. (　　　　) did the members of the student council (　　　　) to do?
   They decided to join a project of the Kochi Laos Association to build schools in Laos.
3. (　　　　) did they (　　　　) money to build schools?
   They collected money through donations and bazaars held in the school festival.
4. (　　　　) (　　　　) did they collect?
   They collected about 1.2 million yen.
5. (　　　　) (　　　　) primary schools were built with the money?
   Two primary schools were built with the money.

　このような活動でも，ステップを踏み，少しずつレベルを上げることで，生徒のライティングの力を伸ばすことができます。しかし，彼らの中には，内容の理解を確認する質問（display questions）に答えるだけでは面白さに欠けると感じる者がいるかもしれません。そのような場合，たとえば生徒会役員とラオ

スの教育大臣の会話を作らせるといった創造的な活動に発展させればいかがでしょうか。これはあとで紹介する，本文の要約をもとに会話作文させる活動につながります。次に例を示します。

Minister : Thank you for getting interested in our country. I heard a newspaper article came to your attention. What did the article say?

Student₁ : It said that schools were in short supply in Laos. I talked about it in a meeting of the student council.

Minister : How did the members react?

Student₁ : They got interested and decided to join a project of the Kochi Laos Association to build schools.

Minister : Great. But it costs a lot of money to build a school. How did you collect money?

Student₂ : We collected money through donations and bazaars held in the school festival.

Minister : How long did the project last?

Student₂ : It lasted for two years and the money we collected was about 1.2 million yen.

Minister : You sent the money to the Laotian Ministry of Education by way of the association.

Student₁ : Right. How many schools did you build with the money?

Minister : We built two primary schools in Laos. Thank you very much for your great contribution to the education in our country.

Student₁&₂ : Our pleasure.

　上の例を見ると，うちの生徒には難しくて到底無理と思う読者がおられるかもしれません。しかし，冒頭の1ターン分だけならいかがでしょうか。しかも大臣のせりふの最初の2文と生徒会役員のせりふの2文目はあらかじめ与えておくのです。このようにすれば，生徒にとって断然取り組みやすくなるはずです。また，「お金の集め方と集まった金額に関する会話を作りなさい」と指示すれば，2ターンの会話に発展させることができますし，「建設された学

校の種類と校数に関する会話を生徒から切り出しなさい」とすれば，生徒会側からの発問を考えさせることもできます。大臣のせりふは教師がすべて書いておき，生徒には生徒会役員のせりふだけを書かせる方法もあります。こうすれば中学校でも可能です。さらに，発展的な活動として，盛り込むべき内容や言語材料を指示して，少し長めの作文に挑戦させることもできます。このように，学習者のレベルに応じて創造的な活動を楽しませたいものです。

(3) 本文の要約から会話作文へ

ここでは本文の要約を会話作文に発展させる指導例を紹介します。題材は，アマゾンの熱帯雨林を守ることに生涯を捧げたチコ・メンデス（Chico Mendez：1944-1988）の物語です。チコ・メンデスはブラジルの熱帯雨林に生まれ育ち，幼い頃から自分の故郷である雨林をこよなく愛し，大人になってからはゴム樹液を採取して生計を立てていました。しかし，政府は政策の一環として，雨林の伐採に取りかかります。そこで，彼は10年以上にわたり政府と闘い，ついにその一部を保護することに成功します。しかし，雨林の伐採により富を得ようとする牧場経営者らは彼を嫌い，ついにチコは彼らの凶弾に倒れることになります。

教科書の本文は約600語からなる物語です[4]。これを題材に会話を作りなさいといきなり指示しても，生徒は戸惑うばかりです。そこで，まず本文を要約させることからはじめます。要約のさせ方に関しては，書き出しを指示し，続きを書かせる方法（Handout A）や，盛り込むべき内容を日本語で指示し，誘導作文させる方法（Handout B）など，生徒のレベルに応じた方法を採用します。

Handout A

[　　]に適当な英語を補い，本文の要約を完成しなさい。

　Chico Mendez loved the beautiful plants and animals in the rainforest of Brazil because he [was born] and [grew up] there.

　One day some people from the government came. They were planning to build very large farms in the rainforest. They said they would [cut down trees] and sell the wood. The Brazilian government was in debt and needed money. The government ordered the people in the rainforest [to leave there], but Chico refused to do so.

　In spite of Chico's objection, the government began to destroy the rainforest. Chico made every effort to save the rainforest from destruction. He [gathered 250 families] and [formed a human chain across the new road]. As a result, [the work on the road slowed down].

　Chico also formed a workers' union and talked with the government. At last Chico succeeded in saving [three million acres of rainforest]. However, a rich cattle rancher [hated him] and [killed him three days before Christmas in 1988].

Handout B
次の各項目を1〜2文ずつで書き，10文程度で本文を要約しなさい。
・チコ・メンデスが生まれ育った場所
・熱帯雨林に対する彼の思い
・住民に対する政府の命令
・チコによる反対運動
・チコが成功を収めたこと
・チコの運動の結末

　ここでは Handout A を利用して，要約を会話作文につなげます。教師は次のように生徒に指示します。

　チコ・メンデスのことを取材に来たレポーターとチコの妻の会話を作文しなさい。なお，要約文中の［　　］内の英語が妻のせりふの中心になるように，レポーターの問いを組み立てなさい。

　この課題ではレポーターの発問の作成がメインです。発問の形式には，一般疑問文，選択疑問文および特殊疑問文の三つがありますが，そのいずれかに片寄らず，自然な展開の会話になるように，教師は机間巡視などにより適宜アドバイスを与えます。次にモデルを示します。

Reporter	:	Your husband, Chico Mendez, loved the rainforest of Brazil. Why did he love it so much?
Wife	:	Because he was born and grew up there. But the government decided to cut down trees and build very large farms in the rainforest.
Reporter	:	Did they order you to do anything?
Wife	:	Yes. They ordered us to leave the rainforest and began to destroy it. So Chico made every effort to stop the destruction.
Reporter	:	How did he try to do it?
Wife	:	He gathered 250 families and formed a human chain across the new road.
Reporter	:	Did it work well or not?
Wife	:	It worked well. The work on the road slowed down. He also formed a workers' union and talked with the government.
Reporter	:	Great. Did he succeed?
Wife	:	Yes, he did. He succeeded in saving three million acres of rainforest.
Reporter	:	But a rich cattle rancher hated him.
Wife	:	Right. The man hated Chico and killed him three days before Christmas in 1988.

　高校の「英語Ⅰ」や「英語Ⅱ」、あるいは「リーディング」の1レッスンの語数は、教科書によってかなりの差があるものの、500語から700語程度のものが多くあります。そのような場合、1課全体にわたる内容を会話作文させようとしても、生徒は何から手をつけてよいか分かりません。まず、あらすじや要点を把握させることが大切です。その方法として上で示したのが、書き出しを指示し、残りの部分を書かせるものと、日本語による誘導英作文でした。他にも、オーラル・イントロダクション（oral introduction）の復習版であるオーラル・レビュー（oral review）があります。教師と生徒のインターラクション（interaction）により、学習した内容を英語で再確認します。その際、教師は会話作文のヒントとして、語句や文、場合によっては略画などを板書します。生

徒はそれを頼りに会話作文するのです。また，第9章で紹介するマップをもとに会話作文させることも可能です。

3 まとめ

　本章で紹介したリーディング教材をもとにした会話作文を授業で行うことのメリットを三つまとめます。まず，一つめのメリットは，生徒のレベルに応じた指導ができることです。ターン数の多い対話をすべて英語に直すことが無理でも，1語補充による文完成，教科書からの1文抜き出し，Q&Aでの1文作文，1ターンの対話作文など，教師が適切な活動を用意することにより，個々の生徒のレベルに応じた指導が可能になります。さらには，生徒の学力の伸びに応じて，これらの活動を段階的に行うことにより，リーディング教材をもとにして，ライティングをより創造的な活動に発展させることができます。

　二つめのメリットは，生徒の英語表現のバリエーションを増やせることです。会話作文の際，生徒が最も頼りにするのは教科書の英文です。しかし，頼りすぎるあまり，そこから抜け出せないまま終わってしまうことがよくあります。本章の(2)「Q&Aから会話教材へ」でのラオスの教育大臣と生徒会役員のせりふは教科書の本文をそのまま利用したものでした。これに少し手を加えれば，会話で多用される表現（Could you tell me...? や Sure. など）を盛り込むとともに，他にも"schools were in short supply in Laos"と節で書かれた部分を"a short supply of schools in your country"と句に直させるなど，文意を大きく変えずに，元の文を別の英語で表現させ，生徒の英語表現のバリエーションを増やすことができます。全文作文をさせることが困難であれば，次のように文中でカッコを施した箇所を補充させることから始めればよいでしょう。

Minister :　Thank you for getting interested in our country. I heard a newspaper article came to your attention. Could you tell me what it was about?

Student :　(Sure). It was about a (short) (supply) of (schools) in your country.

三つめのメリットは，個人の活動をペアワークやグループワークに発展できることです。和文英訳に代表される従来の英作文は，教師から与えられた日本語を辞書や参考書を片手に，一人で英語に置き換えるものというイメージがありました。しかし，会話作文のような創造的な活動では，個人の活動から始めて，ペアワークやグループワークにぜひ発展させたいものです。英語そのものはもちろん，内容においても，自分が考えつかなかったことをクラスメートから聞くことはよい刺激になるとともに，仲間からのフィードバック（peer feedback）や訂正（peer correction）は，われわれ教師からのものよりも意外と定着するものです。ブラウン（Brown, 2001, p.415）は仲間からのこのような評価がインプットにもつながるとして,"where peers are available to render assessments, why not take advantage of such additional input?"と述べ，積極的な活用を勧めています。さらに，自分たちで完成させた作品を発表するとなれば，単に与えられたものを発表するよりも取り組みの姿勢が違ってきます。まさにコミュニケーションへの積極的態度の育成につながります。

　次に，実際の指導に当たっての留意点を二つ述べます。まず，一つめはモデルを示すことです。生徒にとって自由度の高い活動の成否を決めるのは，教師が与える型や枠組みであるといっても過言ではありません。これらは「モデルとしてのテキスト（texts as models）」（Harmer, 2001, p.250）です。しかし，教師のモデルよりもさらに有効なものがあります。それは先輩が残した作品です。この表現は貰って使ってみようとか，ここは私の英語のほうが上手だなどと，英語力がほぼ同じ者同士ゆえのライバル意識が働きます。もちろん，同じ学年の別のクラスの作品でも構いません。また，英語だけでなく内容の創造性が試される活動であれば，生徒はこれまでにない発想の作品をものにしようと躍起になります。「刺激としてのテキスト（texts as stimuli）」（前掲書, p.251）により芽生えた健全な競争意識が，生徒相互の英語のアウトプットの向上につながります。そのためにも適切なモデルを示したいものです。

　二つめは易から難へ段階的な指導を行うことです。生徒にプロダクティブな活動をさせるとき，ステップを踏んだ段階的な指導を行わず，いきなり最も難度の高い課題を与えてしまうことがまれにあります。今回紹介した例でいうならば，空所補充やQ&Aを経ないで，要約も中途半端にして会話作文をさせるようなものです。これは論外としても，読者の中にも，自分としては段階的に

指導したつもりなのに，生徒には段差が大きく感じられ，せっかく時間をかけて用意した活動がうまくいかなかったという経験をおもちの方が多くおられることでしょう。普段から生徒の理解度を確かめながら授業を行うとともに，ライティングにおいても和文英訳や文型練習など言語材料の理解と定着を目的とした基礎的な指導も併用して，易から難へスムーズに移行させたいものです。さらに，わずか数回の指導では生徒の英語力が目覚しく伸びることは期待できないので，継続的に螺旋的（spiral）な指導を心がけることも肝心です。

近年のコミュニカティブ・アプローチの隆盛により，英語の授業においては言語の用法（language usage）よりはむしろ言語の使用（language use）に重点を置いた実践が数多く行われてきました。ところが，それらが学習者のコミュニケーション能力やひいては英語力全般の育成に十分に寄与していないとの認識と反省に立ち，今また言語の形式や文法に焦点を当てた（form-focused / grammar-focused）授業が見直されつつあります。これはいつの時代にも見られる英語教育の振り子の揺れと思われますが，本章で紹介した会話作文は，いかなるアプローチやメソッドの流行とも一線を画した普遍的な価値をもつ活動です。それは，すでに述べたように，会話作文が文型や文法の定着を目指した基礎的・訓練的な活動から自己表現活動へとつながるものであること，リーディングやスピーキングなど他の技能と統合した活動であること，個人でもペアやグループでもできる活動であることなどが主な理由です。生徒の英語によるアウトプットを増やすために，ぜひお勧めします。

〈注〉

(1) 高等学校用英語教科書 *Mainstream English Course I*（増進堂，平成19年度版），p.137.
(2) 高等学校用英語教科書 *Power On English I*（東京書籍，平成19年度版），p.38.
(3) 高等学校用英語教科書 *Exceed English Series I*（三省堂，平成19年度版），p.83.
(4) 高等学校用英語教科書 *Mainstream English Course I*（増進堂，平成19年度版），pp.74-79.

第 9 章

構造マップを使った指導

1 指導の背景

(1) なぜ構造マップか

　ここでいう構造マップとはどのようなものか，カング（Kang, 2004）の定義を使って説明します。カングは構造マップを，「理解や学習を高めることを目的とし，ある与えられた領域において，構造的知識を示すために，図や図形，チャートなどを使い視覚的な構造にすること」（p.58）としています。構造マップという用語以外に，たとえばイブラヒム（Ibrahim,1979）は骨格構造パターン（skeletal structure of the organizational pattern）という用語を使いましたが，このほかフローチャート，visual organizers も類語です。骨格構造パターンは，文と文，段落と段落のつながりを矢印などで示していき，文全体の流れを図式化して示すものです。一方，構造マップや visual organizers はどちらかといえば全文を抜き出すのではなく，文中のキーワードだけを抜き出しそれを図式化し全体の流れを示すものです。なお，構造マップを作ることをマッピングと呼んでいます。

　従来，この種の構造マップは読解指導に使われてきました。複雑な文になるにつれ，文全体に何が書かれてあるか分かりにくくなります。この構造マップを使えば，筆者の核となるメッセージを伝えるために筆者がどのような文展開を使っているか，また文全体に何が書かれているかという点の把握に役立ちます。たとえば，イブラヒムは EFL（English as a foreign language）の生徒の読解能力を養うために，テキスト全体を把握する力が必要であり，この力として①筆者の考えを抜き出す力，②考えを表現するために筆者が使っている文の構造パターン（organizational pattern）を抜き出す力の 2 点が必要だと述べていま

す。これらの力を養うために構造パターンを用いて文全体のつながりを理解させることが効果的であると述べています。このイブラヒムを始め，構造マップは読解指導に有効であると検証されていますが，本章ではより内容のあるアウトプットを生徒から引き出すことが目的です。よって，ここでは構造マップをどうアウトプットの指導に生かすかを提案します。アウトプットを増やすという観点では，スピーキングやライティングにおいても，構造マップの使用はたいへん有効です。まずは，構造マップの定義と種類を整理してみましょう。

(2) 多様な構造マップと種類

構造マップにはさまざまな種類があります。以下はいくつかの構造マップ・

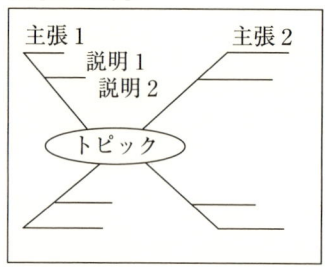

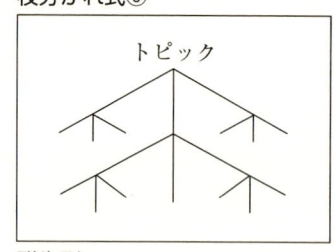

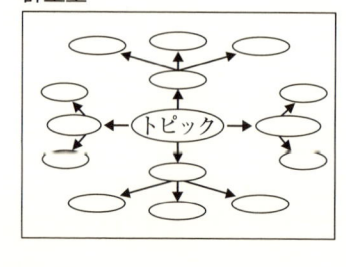

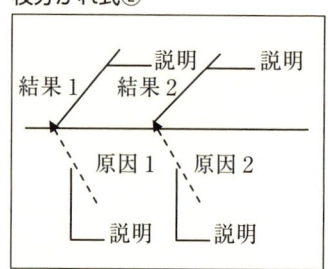

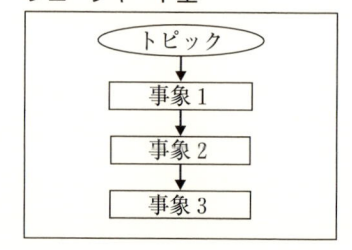

第９章　構造マップを使った指導

パターン(1)です。

では，実際の構造マップの例を英文とともに紹介します。ここでは特によく使われる対比・例示・因果関係を紹介します。

[対比] (2)

> Should we try to build space colonies? Stephen Hawking, the famous scientist, believes that humans will have died out by the year 3000 due to global warming. The only way out, he believes, is to leave Earth.
>
> Robert Zubrin, the head of a project to transform Mars into an environment where people can live, says: "The human race was born in Africa. Now we live all over our world. I think that one day we will travel among the planets, spreading the seeds of life."
>
> There are other people, however, who claim we should do the best we can to save Earth by working to solve Earth's environmental problems before trying to make space colonies. In fact, we are now facing many problems such as air pollution, global warming, and overpopulation. We need to solve these problems if we want to continue living on Earth.

〈対比のマッピング例〉

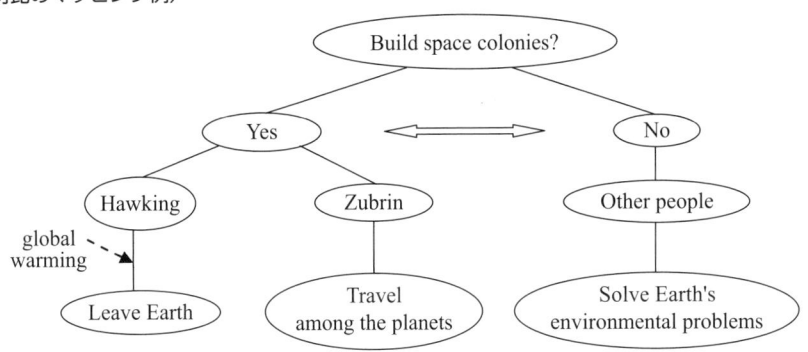

```
                    Build space colonies?
                   /                      \
              Yes        ⇔              No
             /    \                       |
       Hawking   Zubrin              Other people
          |        |                       |
  global  ↓        |                       |
  warming          |                       |
   Leave Earth   Travel              Solve Earth's
                 among the planets   environmental problems
```

[例示（列挙）] (3)

> Note taking is a useful academic skill. Every student should work on improving note taking skills.

141

Note taking has several advantages. The first advantage—and main purpose—of notes is to have a permanent record of information. Whether you are taking notes from a lecture or a book, you may need a permanent record. It is impossible to remember everything you read or hear in a lecture, so you need to take notes.

Second, note taking helps you focus on the most important points of what you are reading or listening to. It is not necessary to know or remember all of the information that you read or hear in a lecture. Note taking, and then going back and reorganizing your notes later, helps you pick out the important points that you do need to understand and remember.

Third, taking notes helps you concentrate on what you are hearing or reading. It requires you to be active in your reading or listening, and so you will get more out of it.

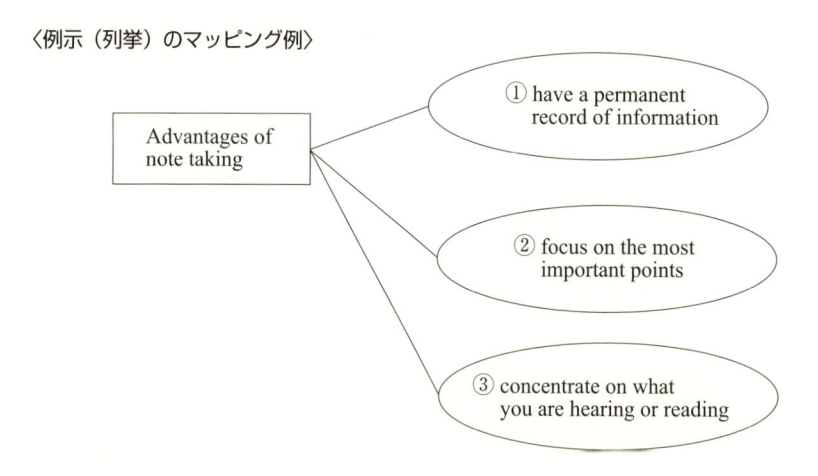

〈例示（列挙）のマッピング例〉

```
                            ┌─ ① have a permanent
                            │    record of information
  Advantages of             │
  note taking   ────────────┼─ ② focus on the most
                            │    important points
                            │
                            └─ ③ concentrate on what
                                 you are hearing or reading
```

[因果関係] (4)

The number of community FM stations around the country is growing. This is because they are proving to be very effective, especially in emergency situations. If a natural disaster such as an earthquake or typhoon hits your area, you can still get the information you need. Even with a onebattery radio, you will hear announcements about the water supply, or which roads are closed. The programs at FMYY would not be possible without its volunteers. It is people like you and me who can make difference.

〈因果関係のマッピング例〉

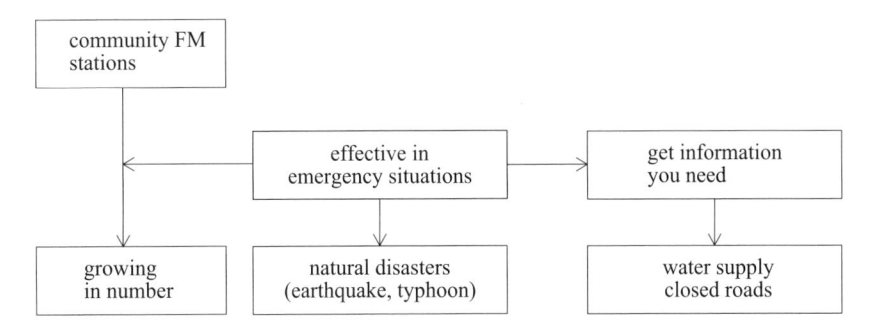

```
community FM
stations
    ↑
    ←── effective in ──→ get information
         emergency situations   you need
    ↓         ↓                    ↓
growing   natural disasters    water supply
in number (earthquake, typhoon) closed roads
```

　どの構造マップのパターンを使うかは教材によって異なります。教師が生徒にそれぞれの構造マップパターンがもつ特徴と意味を教えることが必要です。生徒が構造パターンを正しく選択できるかどうかは教師の指導力に関係してきます。

2　指導の実際

(1)　準備段階としての構造マップ指導

　生徒が構造マップを理解し，自分でマッピングを行い，そしてアウトプットにつなげるようになるためには，普段から構造マップを取り入れておくと効果的です。たとえば，リーディングの授業で構造マップを使い，テキストの内容を確認していきます。マッピングを使うことにより，文と文，段落と段落の関係が認識でき，キーワードが絞られ，テキスト全体の流れを把握するメリットがあります。また，従来リーディングの時間は内容そのものが扱われず，文法解説のための英文読解であることが多く，それにともなって，文法に関する説明だけが板書されていることが多かったのですが，構造マップを使うと，内容のキーワードや流れが板書されます。よって生徒たちもテキストの内容そのも

のを学習しているという認識がもてます。

しかしながら，いきなり生徒にマッピングさせるのは無理なので，はじめは教師が用意しておいた構造マップの枠に生徒がキーワードを抜き出し当てはめていく活動がよいでしょう。次の教材(5)を例にとって説明します。

> Ladies and gentlemen, welcome to our exhibition "Looking Back at the Twentieth Century." We have collected about three hundred photographs here. They will show you something of the history of the past century.
>
> The twentieth century was an age of great progress in science and communications. People's lives became richer and more comfortable. People achieved greater freedom and equality, and seemed to be closer to the dream of living a happy life.
>
> But it was also an age of terrible wars, and millions of people lost their lives. The photos here will show you what people like you and me went through in the twentieth century. As you look at them, ask yourself: "How would you feel if these were photos of your own family and friends?" Some will shock you, some may make you sad or angry. But they will also give you a message for our future. Before you look at the exhibition, I would like to show you two photographs which are particularly important to us.

この英文を読み取らせるために，次ページのような構造マップの枠を板書（あるいはハンドアウトを用意）します。ここでは20世紀は科学や情報伝達技術の発達など目覚しい時代であると同時に，さまざまな戦争が起こったむごい時代であることを述べています。この対比を示せるよう，ここでは二つの円を記しておき，その中に対比する語句を自分で考え，その横に具体的な例を記入していきます。基本的にはテキストに書かれてある内容をまとめればいいのですが，円の中に入れる語句は20世紀を一言でいう語句を，しかも対比で記すような語句を自分で考えさせます。同じ構造マップを与えるのなら，ただ単に機械的に語句を記入するのではなく，生徒に考えさせるような要素を一つでも入れておけばいいかと思います。答えを見つけるために，生徒は教材を何回も読みその手がかりを見つけ出し，思考力を働かせます。このような活動は生徒と

第9章　構造マップを使った指導

What an age of the 20th century? Pick up some key words.

```
         ○
        /   •
       /    •
 ┌─────────┐ •
 │ The 20th│
 │ century │
 └─────────┘
       \    •
        \   •
         ○  •
            •
```

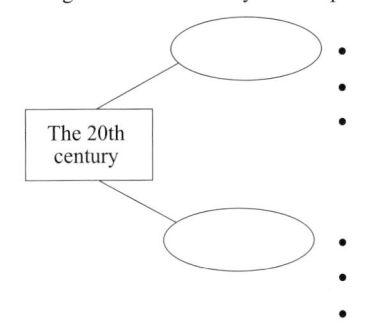

教材とのインターラクションにもつながります。
　ひと通り，構造マップが完成すれば，自分が描いた構造マップの確認です。ペア同士で確認し，クラス発表につなげます。ペアやクラスメートの意見を聞くことにより語彙だけでなく発想も広がります。この場合，自分で入れる対比

〈生徒が書いた構造マップ例〉

Lesson 7　　Not So Long Ago
[Section1]

What's an age of 20th century?
Pick up some key words.

```
      ┌─○ ① good ○─── • In science and communications
      │    happy      • richer and more comfortable
      │               • achieved great freedom and equality
 ┌─────────┐
 │ The 20th│        │on the other hand│
 │ Century │
 └─────────┘                  ┌ ① two world wars  ┐
      │               • War ─┤ ② a cold war       ├  ①②に比べて
      │               │       └ ③ smaller wars    ┘
      └─○ ② bad  ○
           sad        • millions of people lost their lives
                      • thirty-six thousand days of suffering
```

145

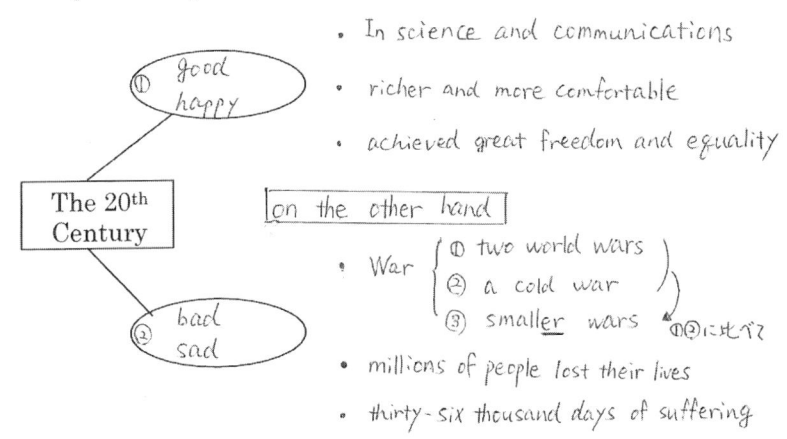

の語句は生徒によってさまざまでした。たとえば，上記の例では対比の語句として"good"と"bad"を入れた生徒もいるし，"happy"と"unhappy"を入れた生徒もいます。あるいは教科書の語句から"terrible"と入れた生徒もいます。もっと簡単に"＋（プラス）""－（マイナス）"と入れた生徒もいます。徐々に生徒たちがマッピングすることに慣れてきたら，生徒自身にマッピングさせてみるのもいいでしょう。

(2) サマリー・ライティング，口頭サマリーとしての構造マップ

次に，完成した構造マップを使い，アウトプット活動につなげます。構造マップをヒントにしてテキストの内容を英語で要約したり，パラフレーズしたりする活動です。従来，要約する活動では，単に教材を示し，いきなり要約する形であったため，生徒はなかなか要約ができませんでした。せいぜい本文の英文を適当に大事だと思うところを抜き出し，それを並べて書く程度でした。構造マップを使うと，テキストの内容が構造化されてくるので，キーワードとして何を使うか，説明するのにどの構造パターンを使うのかが見えてきます。

実際の授業では，サマリー・ライティング（書くこと）だけでもいいのですが，せっかくですから口頭サマリー（話すこと）も行ってはいかがでしょうか。以下，その手順を説明します。

まず構造マップを使うとはいえ，いきなり英語で要約するのが難しければ，はじめに日本語でまとめてみます。構造マップはある程度のキーワードしか書いていませんから，自分でつなぎことばなどを入れていかなければなりません。日本語でまとめることにより，論理的な内容になるよう話す順番を確認することができます。あるいは，まず教師がモデルとなって英語でパラフレーズし，生徒はそれをリピートする方法もあります。その際，できるだけ教科書とは違う語彙や表現を使います。教師の英語を聞くことにより生徒のリスニング力が養われるだけでなく，教科書以外の表現を学ぶことにもつながります。

次に，ペアでお互い口頭サマリーを言い合います。その前に，1分間ほど個人練習の時間を取るようにしてみてください。「1分間で個人練習！スタート！」という掛け声とともに生徒は，各自で練習します。ペア活動はお互いを刺激しあうことにより，お互いの能力を高めることができます。日常のペア活動でもきちんとした発表にするためにも，この1分間練習は生徒の気持ちを

引き締めます。個人練習，ペア活動をすることにより，一人最低2回は英語を発表することができます。

それぞれのペア発表が終われば，クラス前の発表につなげます。このとき，指名した生徒が口頭サマリーを行っている間，教師はうなずいたり，あるいは黒板に構造マップが板書されている場合，発表している箇所を指差し，順番を追っていきます。また，口頭サマリーのレベルが高く，発表をためらう生徒に対しては，教師が先導し，たとえば"Why does the author think the 20th century was a good age? Tell us your example."といったような質問を投げかけ，生徒の発話を促し，対話形式で行うことも可能です。また，生徒の口頭発表の中であいまいで分かりにくい表現があれば，"You mean…." "You want to say…."というように教師が生徒の英文をパラフレーズしてあげます。これにより生徒は正しい表現を学ぶことができるし，英語表現のバリエーションを増やすことも可能になります。

最後に，口頭でのサマリーをサマリー・ライティングにつなげます。このとき教科書を見るとどうしても教科書の英文を写してしまいがちなので，構造マップだけを見てライティングをさせてみてはどうでしょうか。たとえば，上記の構造マップを作った生徒は，以下のような英語で本文をまとめました。

〈生徒作品例〉

> The twentieth century was a happy and terrible age. As a happy age, people got richer and had a more comfortable life. They also got greater freedom and equality. However, as a sad age, people experienced many wars such as the Two World Wars and the Cold War. Millions of people died in the wars.

(3) 自由英作文での活用

次に，自由英作文における構造マップの活用を紹介します。従来の英作文は，たとえば「夏休みの思い出」というテーマで生徒にいきなり書かせることが多かったのではないでしょうか。一方，生徒たちは「田舎のおばあちゃんに会いに行った」「夏祭りに行った」「プールに行った」といったように「〜した」と事実の羅列を書くことが多かったように思います。これは極端な例かもしれませんが，多くの自由英作文はこのような形に近かったのではないでしょ

うか。

　あるテーマに対してなかなかアイディアが出ないとき，またはアイディアが出たとしてもそれをどう文としてつなげてよいのか分からないとき，構造マップの利用が有効です。

　手順としては，まずブレーン・ストーミングを行い，できるだけたくさんのテーマに関するアイディアを出し合います。中央にテーマを書き，その周辺にテーマに関して思いつくことを書き出していきます。この手法はマインドマッピングと呼ばれます。この作業は一人でも，ペアでも，グループでも行えます。テーマに沿ってまず何をアイディア化してよいか分からない場合は，教師の方からある程度何に関して書いたらよいのかヒントを与えます。

　たとえば，上記の「夏休みの思い出」に対しては，次のようなマインドマップを行います。中央にテーマを書き，それに関する情報をどんどん書き込んでいきます。

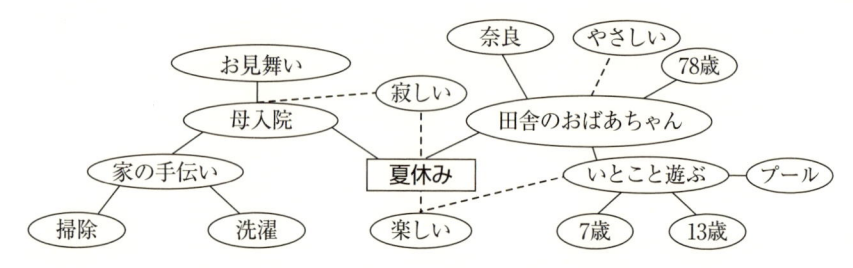

　ここまでくると，次の段階として，構造マップを直接英語に直していくことができるでしょう。

> 　I couldn't enjoy my summer vacation very much. I got lonely, because my mother had been in the hospital. I missed her a lot. Of course I often went to see her. I had to help my father with the housework. I cleaned the rooms and washed every day. However, I also enjoyed my summer vacation. I visited my grandmother who lives in Nara. She is my mother's mother. She is 78 years old and very kind. I played with my cousins who are 7 years old and 13 years old. We went swimming in the river and a pool.

　次に，少し難易度の高いテーマを扱った例を紹介します。難易度が高くても

第9章　構造マップを使った指導

構造マップの利用で対処することができます。「人が気持ちよく暮らせる社会にするためにできることは何ですか？そのことを思いついたきっかけや，そうすることで将来どのようによくなるかなど，具体的に説明して書きましょう。」(ベネッセ・ステップアップドリルより) というテーマを例にとってみましょう。次の構造マップの例は，ブレーン・ストーミングを行う前に教師が生徒に示した叩き台です。同じく中央にテーマを書き，書かなくてはいけない必要条件をサブテーマとして挙げます。この時点ではまだ日本語で，アイディアを書き出します。

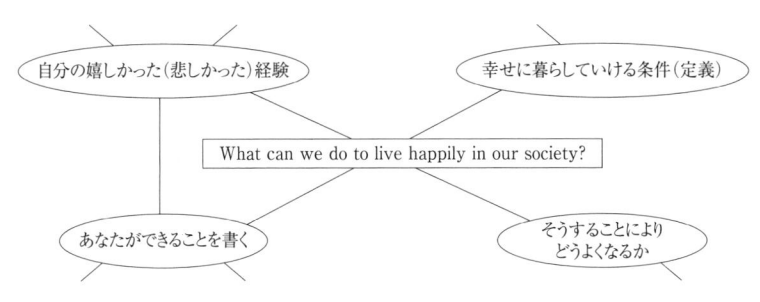

〈生徒による構造マップの例〉

マインドマッピングでアイディアがある程度そろえば，話す順番を決めていき (numbering)，内容を整理します (labeling)。以下は生徒が書いた例です。

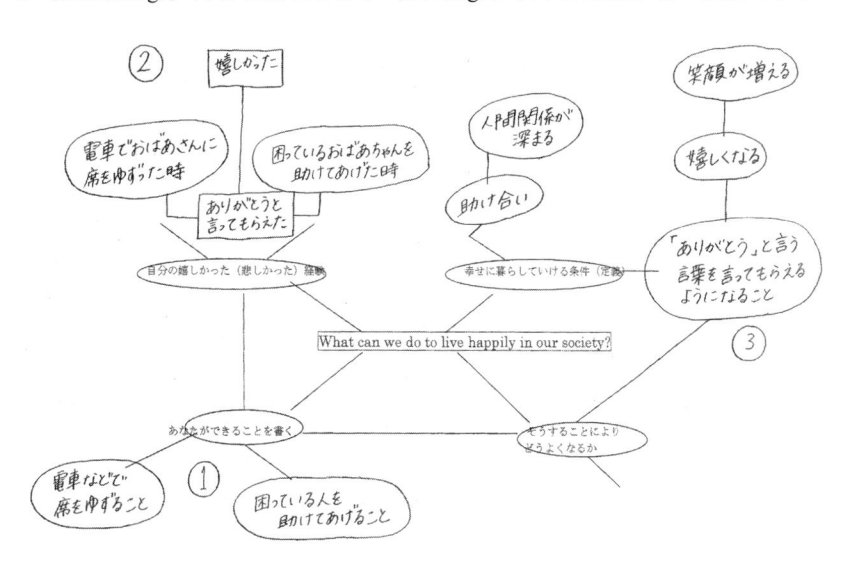

〈構造化した例〉

次に，時系列で表現しやすいように「フローチャート」に変形していきます。平面的であったものが，この時点で構造化されます。

What can we do to live happily in our society?
①導入・・・できること
　　　　　困っている人を助けてあげること
　　　　　　例）電車などで席を譲ること
②展開・・・経験
　　　　　困っているおばあさんを助けてあげた
　　　　　　　　↓
　　　　　ありがとうと言ってもらえた
　　　　　　　　↓
　　　　　嬉しかった
③結び・・・将来そうすることによりどうよくなるか
　　　　　自分から積極的に助ける
　　　　　　→・「ありがとう」ということばを言ってもらい，嬉しくなり笑顔
　　　　　　　　が増える
　　　　　　　・人間関係が深まる。助け合う。
　　　　　→いい社会になる

次の英文はマッピングをした場合としていない場合の生徒の作文例です。

〈マッピングをせず作文を書いた例〉

I can help people who need help and I can give up my seat on the train or bus. When people say "Thank you", I am very happy. So I help people and give up my seat more often. We can smile at each other. If people smile more, the society will be better.

〈マッピングをして作文を書いた例〉

We can start with small things so that we can live comfortably. For

> example, we can help people who are in trouble and we can give up our seats to elderly people. One day, I met an old woman who was standing on the train. She had a lot of bags with her. I gave my seat to her. She said, "Thank you" to me. When I heard this, I was very happy.
>
> If we help people, people will thank us and we will be happy. If we help more often and voluntarily, people thank us more and we will be happier. If we think of others and help each other, our relationship will be better. I believe this will make our society better and comfortable.

マッピングを指導した場合，一般的な傾向として，下位群の生徒たちの間では，英語の量が増え，論の展開のある英文になるという特徴が見られます。一方，上位群の生徒たちに関しては，英語の質が高まるという特徴が見られます。

（4）　スピーチでの構造マップの活用

　スピーチ指導での課題は生徒たちが「原稿を読まないでスピーチをすることができるか」ではないでしょうか。たとえ話す内容がどんなによくても，原稿を「読んで」スピーチすると賞賛が半減してしまいます。しかし，人前でスピーチすることはだれでも緊張するものです。原稿を読まないでスピーチをするよう指示しても，せっかく覚えたスピーチも緊張のため何も言うことができなかったという結果に終われば，その生徒の努力は無駄になってしまいます。そこで，スピーチの際には構造マップは見ても構わないという条件を出してみてはどうでしょうか。われわれもたとえば会議で発言するとき，できるだけ明確にそして短時間で説明するために，キーワードとそれを話す順番を書いたメモ用紙を持って話すときがあります。基本的には相手を説得するために相手の方を見て話しますが，忘れかけたときや確認したいとき，このメモ用紙を見ることがあります。スピーチの際に構造マップがこのメモ用紙の代わりにならないでしょうか。構造マップは，キーワードだけが書かれていて，話す内容が構造化されています。生徒たちはスピーチの際，基本的には相手を見て話しますが，もしスピーチの内容を忘れてしまったときは，この構造マップを頼りにどこまで話したのか，次は何を話したらいいのか確認することができます。

ここでは，スピーキング・テストの中で構造マップを使った実践例を紹介します。課題は，事前に生徒に知らせておきます。今回は教科書の本文の内容に関して，スピーチをするよう指示します。そして「テストの際には，構造マップだけは見ても構いません。ただし，キーワードだけをあげ，一文丸々書いてはいけません。」と指示します。生徒たちは事前にキーワードをピックアップし，ボックスや矢印を使いながら話す順番に構造マップを描いておきます。以下は，生徒が実際に描き，スピーキング・テストの際に使った構造マップの例です。

〈シードバンクについてのマッピング〉

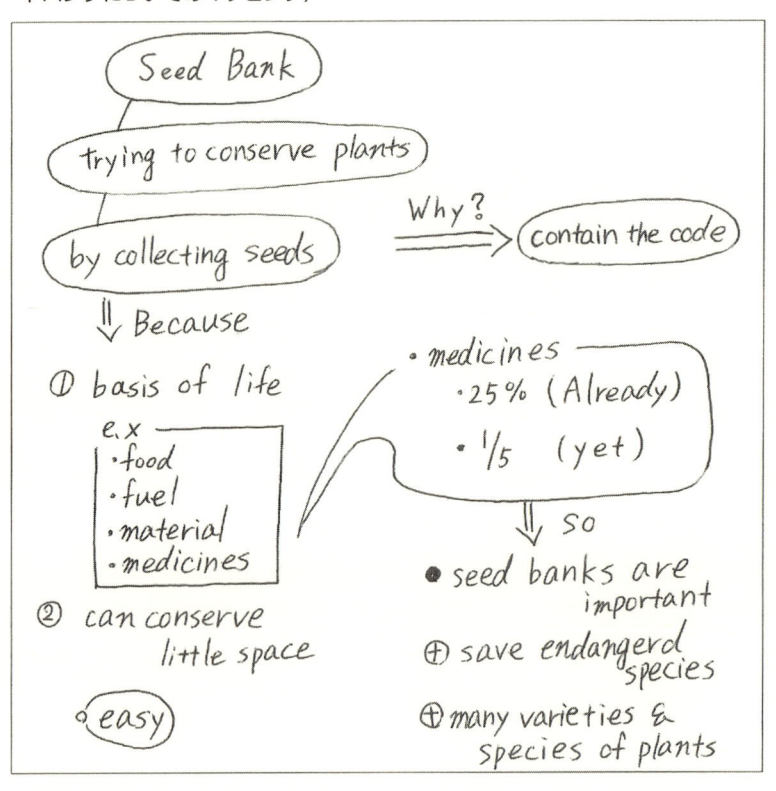

```
Seed Bank
  └ trying to conserve plants
     └ by collecting seeds ──Why?──> contain the code
        ⇓ Because
   ① basis of life
       e.x
        ・food
        ・fuel              ・medicines
        ・material          ・25% (Already)
        ・medicines         ・1/5 (yet)
                              ⇓ so
   ② can conserve         ● seed banks are important
        little space       ⊕ save endangerd species
      ○ easy               ⊕ many varieties & species of plants
```

上記の構造マップを使い，生徒は以下のような内容で話しました。

Seed Bank is trying to conserve plants in the future by collecting seeds

> from all over the world,... because each, each plant contain the code necessary to make living things. It can conserve little space. It is easy to conserve seeds. It is,... plants are very important, because they give us basis of life, for example, food, fuel, material and medicines.... Medicine is important. Already 25% of the medicine come from plants. But... but... we have studied only one-fifth of the plants. So Seed Bank is very important to save endangered species and many... varieties of plants.

　自分の構造マップを見ながらスピーチをすると，何よりも図やキーワードを頼りに話すことができるので，心理的に余裕があるスピーチとなり，スピーチの際の課題であった原稿を読むスピーチから脱却できます。また，心理的に余裕ができ原稿を見ないでスピーチをすると，自然と相手を見ながらスピーチをすることが多くなります。構造マップをフリップ・ボードとして手元に持っている場合は，ポイントとなるところを相手に指し示すことができるので，聞いている方も分かりやすく，より説得力のあるスピーチとなります。

3　まとめ

　最後に構造マップのメリットをまとめたいと思います。カング（Kang, 2004）は構造マップのメリットとして，以下のような点を挙げています。
　①ことばでは伝えることができない全体像（holistic）を展開させる
　②思考と構造プロセスを視覚化させるツール（tools）を提供する
　③複雑な概念を簡単で明白な表示で明らかにする
　④筆者の概念と情報を再構造，再構築することを手助けする
　⑤組み立てと分析により，学習の記憶を促進する
実際，構造マップを授業で用いることにより，以下のようなメリットが見られました。
　①テキスト全体のつながりが把握できる
　②筆者の思考プロセスを再構築でき，学習者自身の思考能力の育成につながる
　③発話量が増える

④発話の質が高まる

　　⑤話す（または書く）内容を構造化することにより，論理的な展開をもった内容になる

　最近，「思考力」「論理力」ということばが使われますが，実際，生徒を指導していて，この力は本当に必要だと感じます。生徒に英語を書かせたり，話させたとき，つれづれなるままに書いているような印象を受けたり，話が急に飛んだり，理由も十分挙げていないのに結論づけることがあります。また，何が言いたいのか分からないときもあります。言い換えると，論の展開がしっかりできている内容が少ないのです。構造マップにより伝える内容が構造化されるので，論理的な展開をもった内容になります。このときまさに生徒は「思考力」と「論理力」を必要とし，結果的に「思考力」「論理力」が養われることになります。

　構造マップを用いることにより，原稿を読むことからの脱却につながると説明しました。本章はスピーチだけの紹介でしたが，ディスカッション，ディベート，プレゼンテーションの際にもメモ書きとして役立ちます。とりわけ最近ではパワーポイントを用いてのプレゼンテーションが頻繁に行われます。このパワーポイントの画面も，基本的にはマッピングと同様，内容を図式化・視覚化したもので，そうすることにより内容がより明白になり，説得力をもったものになります。

　ただし，構造マップはあくまでもアウトプットにつなげる手段であり，構造マップそのものを描くことが目的ではないことを改めて確認しておきたいと思います。構造マップを使わなくても内容のある発信ができることが最終的な目標です。

〈注〉

(1) Schools of California Online Resources for Education, U.S.A（1994-2006）．Graphic Organizer, http : //www.sdcoe.k 12.ca.us/score/actbank/sorganiz.htm.
(2) 高等学校英語教科書 *Crown II* （三省堂，平成20年度版），pp.68-69.
(3) 北尾謙治『英文速読ドリル Level 1』（Z会出版，平成17年度版）．
(4) 高等学校英語教科書 *Magic Hat I* （教育出版，平成19年度版），p.130.
(5) 高等学校英語教科書 *Crown I* （三省堂，平成19年度版），p.109.

第 10 章

Show & Tell からプレゼンテーションへ

1 指導の背景

(1) スピーチ活動の意義

　スピーチは，自分の考えたことや感じたことなどを，自分のことばで聞き手に論理的に語りかけ，話しかけることです。それには自分の考えや意見をもっていなければなりません。自分の考えや意見をもち，論理的に考え，英語で表現する力を身につけることは，新しい中学校学習指導要領及び現行の高等学校学習指導要領に示された目標の中にも以下のように示されています。

「中学校学習指導要領」外国語科の具体的な目標 (2)
　　初歩的な英語を用いて自分の考えなどを話すことができるようにする。
「高等学校学習指導要領」英語Ⅰの目標
　　日常的な話題について，聞いたことや読んだことを理解し，情報や考えなどを英語で話したり書いたりして伝える基礎的な能力を養うとともに，積極的にコミュニケーションを図ろうとする態度を育てる。
「高等学校学習指導要領」オーラル・コミュニケーションⅠの目標
　　日常生活の身近な話題について，英語で聞いたり話したりして，情報や考えなどを理解し，伝える基礎的な能力を養うとともに，積極的にコミュニケーションを図ろうとする態度を育てる。（下線は筆者）

　自分の考えを伝える力，いわゆる自己表現力を養うことこそが現在の日本の英語教育の中で大きな課題の一つといえます。また，人前で自分を表現することは，英語であれ日本語であれ，生きる力にも不可欠な要素であり，さらにはスピーチを始めとするプレゼンテーション能力は社会に出たときにも必要とな

ります。したがって，中学校や高等学校の教育活動の中で自己表現力を養うことは大変意義あることです。ところが，スピーチなどの自己表現力を養う言語活動はあまり行われていないのが現状ではないでしょうか。

(2) スピーチなどの言語活動が行われない理由

　スピーチなどがあまり行われないことにはいくつかの理由が考えられます。まず，第一に，スピーチを授業で行おうとしてもそれにかける時間がないということがあります。多くの教師にとって，教科書の本文を終えることが大切であり，スピーチなどの表現活動が練習問題にあったとしても，時間的に余裕がなく取り組めないのです。そして，もし，ある教師だけがスピーチを授業で行えば，他の教師から進度の遅れをとってしまうことになります。また，スピーチを授業で取り組んでも教師がスピーチの原稿を添削するのには時間がかかり，何度も継続して行うことができないということも考えられます。その結果，スピーチなどの言語活動が定着しなくなるのです。

　第二に，スピーチなどの「話す」活動が評価の対象になっていないということがあります。たとえば，「話す」ことを学校の定期考査において課すことはほとんどありませんし，平常点として扱われる評価の割合も他の三技能と比べてきわめて低いことが挙げられます。その結果，スピーチなどを授業に取り入れないということになるのです。また，評価しようとしても難しいからと考えている教師もいるかもしれません。しかし，背景にある大きな理由は，「話す」ことが高等学校や大学の入学試験に課されていないということではないでしょうか。たとえば，高等学校入学者選抜を例にとると，文部科学省の公表（文部科学省，2007）では，平成19年度選抜においては全国で18の自治体において英問英答による面接試験などが実施されたということになっていますが，全県で実施したところはなく，多くの県がそれぞれ数校程度で英語の面接試験が実施されただけでした。入学者選抜では，時間的な制約や公平性の維持などが難しいからだと考えられます。

　第三に，生徒ができないと教師が思いこんでしまい，スピーチを指導することを諦めていることが考えられます。簡単な英語を自由に話すことができない生徒が，スピーチのようなまとまった英語を話す活動をしている姿を想像できないという教師が多いのではないでしょうか。しかし，生徒はだれもが自分の

考えや伝えたいことをもっているはずです。短くてもそれを英語で伝える力を育てることが英語教師の本来の役割ではないでしょうか。

　最後に，スピーチを実践しようと思っても，そのやり方が分からないということも考えられます。教科書ではスピーチが練習問題として取り上げられてはいますが，指導手順が詳細ではなく，段階を踏んでスピーチを指導する手順が分からないということがあります。また，どのようにすれば生徒に原稿を読ませずにスピーチをさせることができるのか分からないということもあります。

　以上の理由以外にもさまざまな問題があるために，スピーチを授業で行いたいが，その一歩が踏み出せないという方がいらっしゃることでしょう。そこで本章では，さまざまな問題点を克服しながら，スピーチなどのプレゼンテーション能力を高める指導について具体例を挙げながら説明していきます。

(3)　Show & Tell とプレゼンテーションの利点

　スピーチの指導にはさまざまな形態がありますが，ここでは，マッピングを用いて行う Show & Tell とプレゼンテーションについて説明します。マッピングは前章でも述べられているように，情報や学習者の考えを視覚的に整理するにはよい方法であり，スピーチを行う際には話の概要となります。

　まず，学習の初期段階においては，Show & Tell を行います。Show & Tell は，気に入った本など身近なものを使って，先生や友達の前で自分の気持ちを発表する短いスピーチのことです。発表後は友達からの質問に答えることもよくあります。欧米の小学校（おもに低学年）などで広く取り入れられている指導方法で，国語（英語）教育の一環として行われています。

　Show & Tell を導入する利点は三つあると考えられます。一つめは，生徒自身が本当に伝えたいことを表現することができるということです。自分が持っている思い出の品物，たとえば誕生日にもらって大切にしているギター，卒業式で撮った友達との写真など，自分の思いや感情を聞き手に伝えることができます。二つめは，話し手が「もの」を手に持つことにより，原稿を持てなくなったり，原稿が読みづらくなったりすることで，結果的に聞き手の方を向いて話すことができるということです。これまで，たとえば 1 分間スピーチなどでは，原稿を手に持って英文原稿を読むケースが散見されました。しかし，原稿を読んでしまえば，それはリーディング活動（音読）であり，スピーキン

グ活動とはいえません。それではスピーチをさせる意味がありません。Show & Tell は，原稿の丸暗記をせずに「もの」を指し示しながら，その場で英語を作っていくことなのです。これは，いわば，コミュニケーションを擬似体験することともいえます。三つめは，話し手が英語を話しながら「もの」を指で示したり，聞き手に見せようとしたりするなど，何らかの動作をすることにより，「話す」ことと身体の動きを一体化させて，スピーキングを自然なものにするということです。その結果，学習者は英語の間違いがあっても，英語を話せたという実感をもつことができて，それが自信につながるのです。

　Show & Tell を通して生徒が人前で英語を話すことに慣れてきたら，プレゼンテーションを導入します。プレゼンテーションは，ビジネスの世界では商品や企画を提案することという意味で用いられる場合がありますが，ここでは複数の生徒がグループになってテーマを設定し，それを調べて，発表するという Show & Tell の発展型と捉えてください。

　プレゼンテーションには，上で述べた Show & Tell と同じ三つの利点に加え，さらに二つの利点が考えられます。一つめは，グループになって一緒に学ぶことにより，学習効果が高まるということです。先行研究，たとえば，高塚 (2003) では，数名の生徒がチームとなってテーマを設定し，何を話すかを検討し，原稿を作成するプロセスを生徒同士がともに行うことで，互いの意思疎通の機会になり，内容や表現について自分たちで考えたり調べたりするチャンスにもなると述べられています。この「生徒同士がともに行うこと」，つまり，協同学習が大切であり，これによって互いに学びを深めることができるのです。二つめは，他教科の学習内容を取り込むことにより，いわば知の総合化を行うことができるということです。たとえば，「総合的な学習の時間」と連携して調べ学習を行ったり，中学校では「技術・家庭」，高等学校では「情報」と連携して表やグラフの作成を学んだりすれば，それらの教科で身につけた知識や技能を相互に関連づけ，総合的に働くようにすることができます。

2　指導の実際

(1)　Show & Tell

　プレゼンテーション能力を高めるための導入として，まず，1分間で行う

Show & Tell を説明します。ここでは，一例として，授業の毎時間の5分程度を使って，4人ずつ生徒がスピーチをして，合計10回程度で全員のスピーチが終了する予定で行うこととします。具体的には，以下の手順で指導します。

ア）テーマを設定する

　生徒一人ひとりがテーマを設定します。テーマは，教室で見せることができる面白い物，思い出の品物などの具体物（realia）なら何でも構いません。見せたいものとそのテーマをたとえば三つ，ノートに書き出させます。

イ）内容を考える

　「もの」に関する情報，たとえば，いつ，どこから手に入れたかといった5Ｗ1Ｈに関する内容や，何が面白いのか，珍しいのかといった聞き手にとって興味・関心を引きつける内容などを以下のように書き留めさせます。

テーマ	見せるもの（具体物）	いつ，どこで，だれが，何をしたか	具体物の面白い点，珍しい点，思い出
私の好きなスポーツ	力士の手形サイン色紙	3月に大阪場所で買った	大きな手，大きな体，動きが速い，強い
ギターの練習	ギター	中学校の入学時，祖父に買ってもらった	毎日練習している，プロになりたい
6番目の家族	ペットの犬の写真	2週間前，家に迷い込んできた	一緒に散歩する，英語の指示が理解できる

　以上の中から，最も気に入ったものを選ばせます。仮に，ここでは「私の好きなスポーツ」というテーマを生徒が選んだとします。

ウ）内容を整理する

　前章で扱ったマッピングを用いて，伝える内容を生徒に整理させます。生徒が英語で書けなければ，日本語で書かせても構いません。

　まず，Show & Tell の題を書かせます。ここでは次ページの図にある二重線のバルーンの中に「私の好きなスポーツ」と書きます。次に，これに関する情報を膨らませます。この生徒の好きなスポーツは「相撲」で，「3月11日」に「家族と初めて」相撲を見に行きました。「力士」を初めて間近で見ることができて，強く印象に残りました。また，「朝青龍」のファンで，朝青龍の「動きが速い」，「豪快な」取り口が大好きです。しかし，この日朝青龍は「負けた」

ので，観客は「興奮して」，座布団を投げる人もいました。帰りに「おみやげ」として，朝青龍の「手形サイン色紙」を買いました。

　マップには必要な情報だけを残した後，話す順序にしたがって番号を付け，次のようなマップを完成させます。

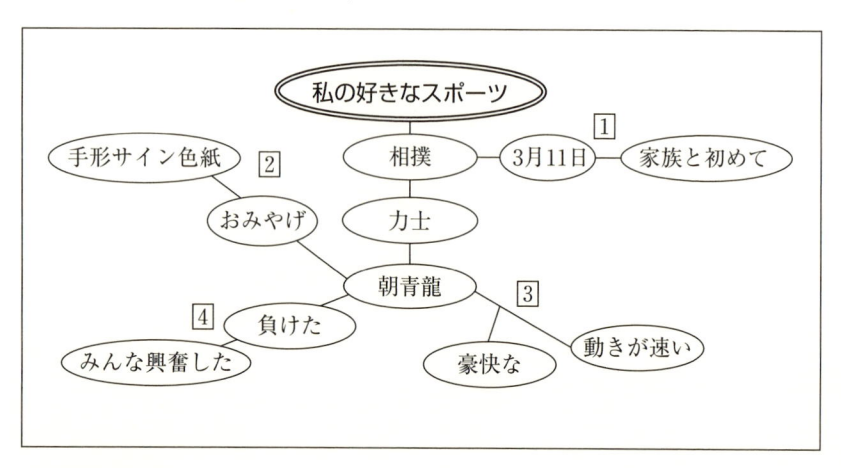

```
              私の好きなスポーツ
                    │
   手形サイン色紙  ②   相撲   ─ 3月11日 ① ─ 家族と初めて
              \    │
            おみやげ  力士
                    │
                  朝青龍
               ／   │    ＼  ③
        ④ 負けた    │      動きが速い
   みんな興奮した  豪快な
```

エ）原稿を書く

　マップが完成すれば，次は原稿を作成します。ここでは，話の内容に聞き手の関心を引きつけるために，「朝青龍」ということばを使わずに英語を書き，どの力士の話をしているかを聞き手に考えてもらうようにしました。

---
① On March 11, I went to see *sumo* with my family for the first time.
② I bought this handprint with an autograph of a *sumo* wrestler.
③ He's very strong and dynamic. When he has a match, he moves very fast.
④ He lost the match. Everyone was excited.

　しかし，このままでは話のつながりが悪いので，下のようなつなぎのことばを指導し，スピーチの原稿を完成させていきます。

話し始め：Hello, everyone. I want to talk about ~. / I'm going to tell you about ~. / My speech is about ~.

> 「もの」の提示：Look at this picture. This is ~. / It's nice, isn't it?
> ま　と　め：（感想）I liked ~ very much.
> ま　と　め：（希望）I want to go there again.
> ま　と　め：（誘い）Everyone, why don't you visit ~ some day?
> ま　と　め：（結び）Thank you very much（for listening）.

　また，黙ったままで「もの」を提示するのはよくないので，サインがだれのものかといった質問や手形に自分の手を合わせながら述べるコメントも入れるように指導します。たとえば，Whose autograph is this? Can you guess? Look at this handprint! His left hand is bigger than mine. などと言うと，聞き手の視線が話し手に向かい，Show & Tell が自然に行われるようになります。

　語数は生徒の学習段階に応じて設定し，中学生では50～80語程度，高校生では80語以上を目標にし，学習の進度に合わせて語数を増やしていきます。

　次は，以上のような指導を行った後，作成した原稿の一例です。

> 　Hello, everyone. Have you ever seen *sumo*? On March 11, I went to see *sumo* with my family for the first time.
> 　Then, I bought this handprint with an autograph of a *sumo* wrestler. Whose autograph is this? Can you guess? Look at this handprint! His left hand is bigger than mine.
> 　He is very strong and dynamic. He also moves very fast. But, on that day, he lost the match. Everyone was excited.
> 　What's the name of the *sumo* wrestler? Please guess. Thank you.（85 words）

オ）練習する

　発表の練習をする前に次の三つのポイントを確認させます。一つめは英文を何度も声に出して練習することです。音読とスピーキングの間には大きな距離がある（土屋，2004）といわれており，音読活動をスピーキング活動に近づけるためには，英文から目を離して顔を上げて英語を口に出す Read and lookup を指導します。

二つめは英語を口に出すときには英語の意味を意識することです。たとえば，On March 11, / I went to see *sumo* with my family / for the first time. と言いながら，頭の中で「3月11日／私は家族と初めて／相撲を見に行きました。」といった文の意味を意識させます。また，段落のつながりも意識させます。たとえば，第1段落では「相撲を見に行った」と書かれており，第2段落では「手形サイン色紙を買った」と書かれていますので，「行った」→「買った」という動詞を捉えさせます。

　三つめは「もの」を効果的に見せる工夫をすることです。「色紙」を見せるならば，手に持ってただ見せるのではなく，その上に自分の手を合わせたり，サインを指さしたりするなどすると，聞き手を引きつけることができます。3〜4人のグループを作って，見せ方が自然か，見せるタイミングと話す内容が合っているかなどについて互いにアドバイスをさせます。

　スピーチの指導で大切なことは，発表のときに原稿を持たせないということです。そこで，スピーチをするときには意味や文法が間違っていなければ，それに近い内容が話せたらよいということにします。

カ）発表する

　発表者には「もの」を見せながら話の概要を伝えることができればよいことを伝えます。ただし，マップ程度ならば見てもよいこととします。その場合，土屋（2004）が紹介しているように，マップやキーワードのリストを話し手の横や聞き手の後に置いた移動式黒板等に書いたりするのもよいでしょう。

　聞き手には話し手が伝えようとしている情報を正確に聞き取るように指導してください。次のようなプリントを用意して，発表に対する感想や質問を考えさせたり，マッピングによって話の概要を再現させたりします。

　まず，第一ステップではマップを再現させます。話の概要が分かる簡単なもので十分で，日本語で書いても構いません。マップを再現させる指示として，たとえば，単語を六つ書き出しなさいなどと語数を指定します。次に，第二ステップでは質問，感想などを書かせます。事前にスピーチで多用される関連表現を指導しておき，少なくとも英文一文は書かせることとします。

さらに説明を求める：Can you explain a little more about 〜?
内容の追加を求める：What else did you enjoy when you went to see 〜?

第10章 Show & Tell からプレゼンテーションへ

内容の追加を求める：What are some other things which interest you?
感 想 を 述 べ る：I think it's interesting to ~. / I'm surprised to learn ~.
提　案　す　る：Why don't you ~? / I think you should ~.

Worksheet for the One-Minute Show and Tell

Class（3） No.（15） Name（*Yamada Yuki*）

Speaker（　*Tanaka Kenji*　）

1. Let's map the speech.

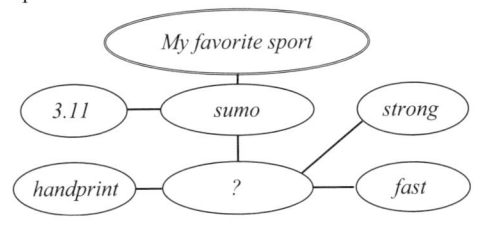

```
              My favorite sport
         /         |         \
      3.11       sumo       strong
       |        /    \        |
    handprint ——  ?  ——     fast
```

2. Write a question, idea or suggestion.

　Did you throw away your cushion?

3. Your evaluation.

　His / Her speech is （1. not very good / ②. good / 3. very good）.

　第三ステップでは、簡単な評価をさせます。複雑な規準では聞き手の生徒が評価ばかりを考えてしまい、話の内容に集中できなくなるので、ここでの規準は簡単なものに留めておき、評価も3段階とします。

　発表後には、聞き手の積極的な参加が必要です。そこで、あらかじめ生徒の中から司会役を選んでおき、発表の場をできるだけ生徒に運営させます。司会役の生徒に発表者の紹介をさせたり、質問を受けさせたりすると、発表の場が楽しく和やかになり、活気づいたものとなります。司会者が使う以下のような表現も指導するとよいでしょう。

発表前：（紹介）Today, we have four speakers. The first speaker is Tanaka Kenji. He's going to talk about his favorite sport. Please welcome Kenji.

発表後：（感想）Thank you for your speech, Kenji. I thought the handprint

---

163

```
                           was of Kotooshu.
発表後：(質問) How many people thought the handprint was of Asashoryu?
              Do you have any questions to Kenji?
発表後：(結び) Everyone, please give big hands to Kenji again.
```

(2) プレゼンテーション

　Show & Tell を通して原稿を持たずにスピーチすることを指導した後は，プレゼンテーションの指導に移ります。ここでは，グループでテーマを設定し，調査を行い，発表するまでの流れを説明します。Show & Tell と同様に，授業の毎時間の5分程度を使って，一組ずつプレゼンテーションを行い，合計10回程度で終了する予定で行うこととします。以下の手順で指導します。

ア）テーマを設定する

　まず，3～4人のグループを作らせて，テーマについて相談をさせます。テーマの設定に当たっては，教師から生徒にヒントを与えることがあっても，最終的には生徒自身に考えさせる方が発想の新鮮なものが出てきて，興味深いものとなります。生徒には日頃から興味・関心のある事柄をメモにとっておいたり，新聞記事を切り抜いたりさせておけば，話題に困ることはなくなります。たとえば，あるグループで次のテーマが提出されたとします。

```
Barrier-free Society         Japanese Education
Bullying                     Judging from Appearances Is Not Enough
Future Forecasts             Thinking about Time
Good-bye, Smoking            Which Sex Has Advantages?
Gun Problems                 Working Part-time
```

　これらのテーマをプレゼンテーションにするためには，調査・分析ができて，聞き手に話し手の主張を伝えたり，行動を促したりする内容になるよう，工夫することが大切です。仮に，ここでは Bullying（いじめ）を選んだとします。

イ）内容を整理する

　Show & Tell と同様，話の構成を考えさせるために，グループ内でマッピン

グやブレーンストーミングをさせます。生徒はいじめから連想することばを書いて，それらをつないでいきます。ここでは下図にある二重線のバルーンの中に「いじめ」と書きます。次に，いじめが「遠い世界の話」ではなく，自分たちの「身近な問題」でもあることから，いじめの「実態」を調べることにします。調査方法は同級生に対する「アンケート調査」とし，調査結果を「分析」して，いじめの「形態」と「原因・理由」を考えることにします。まとめとして，どのようにすればいじめを「防止」できるのかを発表することにします。マップから必要な情報だけを残した後，話す順序にしたがって番号をつけ，次のようなマップを完成させます。

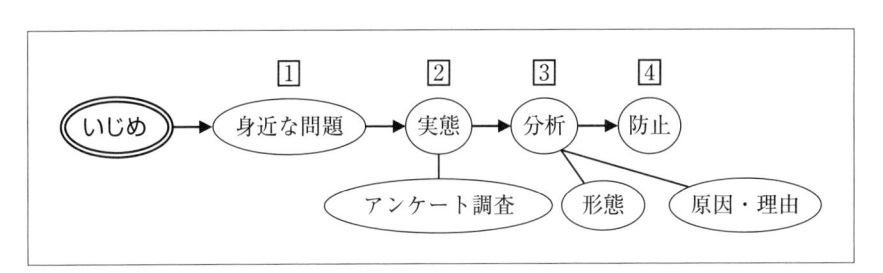

いじめ → 1 身近な問題 → 2 実態 → 3 分析 → 4 防止
　　　　　　　　　　　　　アンケート調査　形態　原因・理由

ウ）調査する

　調査方法としては同級生にアンケートを行うこととし，グループ全員で質問項目を相談して決定します。ここでは，「1. いじめをしたことがあるか」，「2. どのようないじめをしたか」，「3. なぜいじめをするのか」，「4. いじめによって失うもの」といった項目にします。また，アンケートに答えてもらいやすくするために，選択肢で回答してもらうことにします。次に，それらの質問をプリント1枚に清書して，アンケート用紙を作成し，全員で分担して同級生に配り，回収します。

エ）発表資料を準備する

　視覚から入った情報は聴覚から入った情報よりも記憶されやすいと一般的には考えられます。そこで，プレゼンテーションを成功させるためには，発表の内容に合わせて効果的な visual aids を作成することが大切です。次ページにに主な visual aids とその特徴を挙げます。

　次に，アンケート調査の集計を発表資料として提示することが必要です。そこで，質問項目「1. いじめをしたことがあるか」についての資料を作成しま

visual aids	特　徴
棒グラフ（垂直）	順位を明確にしたいとき
棒グラフ（水平）	早さ，時間，長さを比べたいとき
円グラフ	割合を比べたいとき
折れ線グラフ	時間の経過にともなう推移を示したいとき
フローチャート	論の展開を明確にしたいとき
ブレットチャート	要点を箇条書きにして示したいとき
写真	実物の細部を示したいとき
イラスト（模式図）	実物の特徴を分かりやすく示したいとき
地図	位置関係を示したいとき
動画（ビデオ）	実際の動きを見せたいとき

（Harrington & LeBeau, 2000）

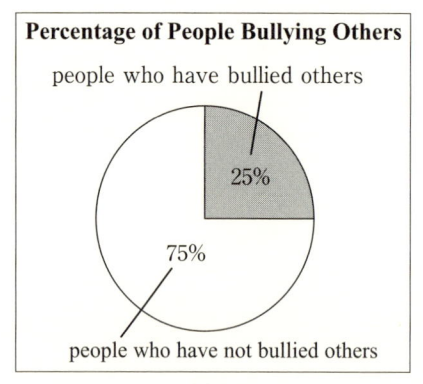

Percentage of People Bullying Others

people who have bullied others
25%
75%
people who have not bullied others

図1

Forms of Bullying Others
- ◆ 　　　　　　
- ◆ blackmailing
- ◆ hiding things of others
- ◆ saying ill of others behind them

図2

す。調査した同級生の中のいじめをした割合を分かりやすく示すために，図1の円グラフを作成します。

　また，質問項目「2. どのようないじめをしたか」の結果を表します。いじめの形態を短いことばで箇条書きをするのが効果的であると判断して，図2のブレットチャートを使用します。ここでは，いじめの形態で最も多いものは何であるかを聞き手に考えてもらうために，項目にマスクをしておき，話をしながらマスクをはずすように工夫をします。

　さらに，質問項目「3. なぜいじめをするのか」と「4. いじめによって失うもの」への回答の分析結果を示します。ここでも図3の2枚のブレットチャートを使って，箇条書きで提示することにします。

Why do we bully others?	What do we lose by bullying others?
◆ To get rid of our stress ◆ To feel some superiority over others ◆ To avoid ourselves being bullied	◆ Thoughtfulness ◆ Friends ◆ Trust

図3

　最後に，結論として，マップの最後に書いたいじめの防止についての資料を作ります。視覚的な効果をねらって文字を少しずつ大きく表示し，最後に，プレゼンテーションの終了とともに表示する図4を作成します。

How to get rid of bullying
⇩
You Need Courage to Say **No.**

Bullying（禁止マーク）

図4

オ）原稿を書く

　発表資料の作成と並行して，プレゼンテーションの原稿を作成させます。修正したマップをもとに，導入（introduction），本論（body），結論（conclusion）という構成で英文を書くように指導します。

　導入では，いじめについて調べようと思った動機を書きます。次に，本論の前半では，同級生へのアンケート調査から分かったことを，いじめを行った割合，いじめの形態，いじめを行う理由という三つの観点からまとめます。本論の後半では，いじめによって失うものについて分析をします。最後に，いじめを防止するにはどうしたらよいかについて結論を書きます。

　以上の内容についてグループ内で互いにチェックさせた後，原稿を提出させます。教師はプレゼンテーションの構成などに修正を加えます。表現や文法など修正が必要な箇所にはアンダーラインを引くなどして示すことにします。

　次に，上記のエ）「発表資料の準備」とオ）「原稿作成」をグループ内で分担します。効率よく準備を進めるためには，全員で取り組むものと個人で取り組むものを分けてください。たとえば，アンケートの集計と分析，いじめの実態

といじめの原因・理由についてはグループ全員で分析し，その特徴をまとめます。一方，調査結果をグラフ化したり，特徴をフリップ（flip）などに書いたりするのは二人くらいの生徒が担当し，マップをもとに英文を作成するのは残りの生徒が担当します。

カ）練習する

Show & Tell と同様に，原稿を読まないことと発表資料を効果的に見せることを指導してください。また，次の二つの点にも注意が必要です。

一つめは，プレゼンテーションでは，グループ全員で発表を分担し，一人が発表している間は他の生徒が資料の提示を行うなどの協力をさせてください。

二つめは，発表資料の提示も含めたリハーサルを何度も行うことです。その際，ビデオ撮りをするなどして，自分たちの発表を客観的に見る機会を設けます。視線や身振りなど，体全体の使い方が自然になっているかを確認させます。また，発表者の立ち位置や資料を提示する場所なども含め，プレゼンテーションを総合的に指導します。

キ）発表する

原稿を読まないというルールを徹底させます。グループで行う発表ですから，それぞれの生徒が発表する英語の量が異なっても構いませんし，また，メモやマップを持たせても構いません。

聞き手には，次のようなプリントを用意して，プレゼンテーションを聞きながら話の概要をマッピングさせ，発表に対する感想や質問を書かせて，発表の概要を聞き取らせます。

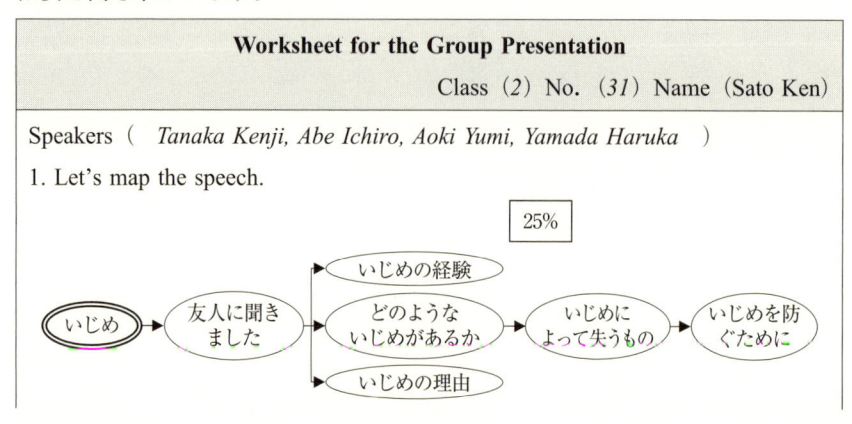

Worksheet for the Group Presentation

Class（ 2 ） No.（ 31 ） Name（Sato Ken）

Speakers（　*Tanaka Kenji, Abe Ichiro, Aoki Yumi, Yamada Haruka*　）

1. Let's map the speech.

いじめ → 友人に聞きました → いじめの経験 / どのようないじめがあるか（25%）/ いじめの理由 → いじめによって失うもの → いじめを防ぐために

2. Write a question, idea or suggestion.
   If people bullied never say they are bullied, how can we find bullying?
3. Evaluate the presentation.
   Their presentation is (1. not very good / ②. good / 3. very good).
   Their visual aids are (1. not very good / ② good / 3. very good).

　第一ステップでは話の概要が分かる簡単なマッピングを再現させます。第二ステップでは質問，感想，提案などを最低一つは書かせます。第三ステップでは簡単な評価をさせます。ここではプレゼンテーション全体と visual aids の2種類の評価とし，基準もできるだけ簡単なものにとどめて，3段階の評価とします。

　発表時は生徒に司会をさせるなど，できるだけ生徒に運営させ，質疑応答の時間も取ります。

　次は，以上の指導を行った後，作成した原稿の一例です。

　Hello, everyone. Today, we're going to talk about bullying, that is, *ijime*. These days, we often hear news that students who were bullied killed themselves. We discussed such news and found some of our close friends had some experience that they were bullied or even they themselves bullied someone. We were shocked to hear that.

　First, we asked 41 boys and 54 girls at our school to fill out the questionnaire. Please look at the chart. We found that 8 boys and 16 girls out of them, that is, about 25 percent of them, experienced bullying in their school life before entering our school. We tend to think the main forms of bullying are blackmailing, hiding things, or saying ill of others behind them, but that is wrong. What do you think is the most popular? The result of our questionnaire shows bullying takes the form of ignoring in most cases. Ignoring doesn't stand out. This is why teachers and parents can't find out the bullying cases very often.

　Next, we tried to find why they bullied others or why they themselves were bullied. Some of them said that they bullied others to get rid of their stress. One of them said, "When I was in the elementary school, some of my friends hid or broke a classmate's things and enjoyed watching the classmate suffering." But, in most cases, it seems that bullying started from comparing ourselves with someone else. We bully someone because we have some inferiority complex and try to feel some superiority over others.

Another case was that they bullied someone to avoid themselves being bullied. One of us had such experience when she was an elementary school student. There was always someone in turn being bullied in her group of friends. She wanted to avoid her turn, so she was unwillingly bullying someone else, following the leader's order. It seems that her group members can feel togetherness by always making someone a scapegoat and the group leader can make sure she is the leader.

Then, we discussed what bullies get or lose through bullying. What do people who are bullied get or lose? Bullies get a sense of superiority, but this sense is only a sense, not a reality. Moreover, bullies usually lose thoughtfulness, friends and trust from others. Bullied people feel as if they had no place, no group they belong to, and they lose confidence in themselves. They are forced to be always uneasy. "What should I do if I'm completely alone? What if others do not respond to what I say?" This way, they get more and more uneasy. But, this experience helps them understand others' feelings and they grow to be mature individuals.

Lastly, we talked about how to get rid of bullying from our society. We asked in our questionnaire how to finish bullying, but we didn't get good answers. We discussed and reached a conclusion : You must have courage, the courage to stop yourselves bullying someone, the courage to stop others bullying someone, and the courage to say "No" to those who are bullying you. Thank you. (517 words)

3 まとめ

Show & Tell とプレゼンテーションを指導するに当たっては，生徒の伝えた

いという意欲を引き出し，それを英語の原稿にまとめるというライティング活動をもとに，それをスピーチというスピーキング活動に発展させていくという，いわば2段階の活動を丁寧に指導することが大切です。その際，ライティング活動では伝えたい内容をマッピングなどの方法を用いてポイントごとにまとめて書く指導をします。また，スピーキング活動では原稿を持たずに話をすることを徹底して指導します。原稿を持たずに英語を擬似的に話すことに慣れることができなければ，自由に英語で会話することにはつながりません。

また，これらの活動で一人の教員が指導できる生徒の人数は限られています。そこで，同じ学年を教える教員全員が進度をそろえ，これらの活動を年間計画に入れて，他の教員とともに取り組んでください。次はその年間計画の一例です。

1. 5月～6月　　　Show & Tell I　　　生徒の興味・関心に合わせて
2. 9月～10月　　 Show & Tell II　　　夏休みの思い出について
3. 11月～12月　　Presentation I　　　生徒の興味・関心に合わせて I
4. 1月～2月　　　Presentation II　　　生徒の興味・関心に合わせて II
5. 2月～3月　　　Presentation Contest
　　　　　　　　（Presentation II で選ばれたグループが学年全体で発表する）

まず，Show & Tell を2回行います。最初は短めのスピーチに挑戦させ，2回の指導を通じて原稿を持たないということに慣れさせます。

次のプレゼンテーションでは，グループで調べ学習をして発表をさせます。1回目は，生徒の興味・関心に合わせて200～300語程度の短めのプレゼンテーションを行います。2回目には300～400語程度の長めのプレゼンテーションを行い，流れに沿って的確に資料を提示することなどを総合的に指導します。2回目のプレゼンテーションの段階になると，実質的には第12章で紹介するプロジェクト学習となってきます。そして，1年間の締めくくりとして，2回目のプレゼンテーションの中から各クラスで評価の高かった上位のグループを選び，校内プレゼンテーション・コンテストを開催します。

以上のような計画をもとにして，Show & Tell とプレゼンテーションを指導すれば，生徒のスピーキング能力を伸ばすことになるはずです。

第 11 章

チャッティングからミニディベートへ

1 指導の背景

(1) チャッティング，ミニディベートとは

　Show & Tell やプレゼンテーションなど，話す内容を「原稿の形で準備する」スピーキング活動を指導し，原稿を読まずに英語を話すことに徐々に慣れさせた後，あるいは同時並行的に，話す内容を「原稿の形で準備しない」スピーキング活動を指導します。この「準備しない」スピーキング活動の一つにチャッティング（chatting「おしゃべり」）と呼ばれているものがあります。チャッティングは，キーボードを使ったり，音声や映像を通したりしてリアルタイムでコンピュータを介して行う双方向のコミュニケーション（Almeida d'Eça, 2003）の意味で使われることがありますが，ここでは，生徒同士が天気や前日の話題などについて尋ねたり話をしたりするペアワークを指します。チャッティングはスモールトーク（small talk）[1]と呼ばれることもあり，授業の始めに短時間で行われるウォームアップとして使われることがよくあります。

　このような「原稿の形で準備しない」スピーキング活動を行うことにより日常的な話題について話をすることに慣れさせた後に，論理立てて話をしたり，話の内容を深めたりするスピーキングの活動としてのミニディベート（mini debate）の指導に移行します。ミニディベートは，日常的な話題について好きか嫌いか，賛成か反対かなどをその理由とともに少人数で述べあう簡易型のディベートで，マイクロディベート（micro debate）と呼ばれることもあります。一般的にいうディベート（formal debate）は「与えられた論題をもとに肯定側と否定側に分かれ，一定の規則，進行の仕方，制限時間などに従って，自

分たちの立場の正当性を聞き手に受け入れてもらうことを目的として議論する対立型コミュニケーションの形態」(『高等学校学習指導要領解説』)を指し，多くの場合，両者が互いに立論→尋問→反駁というフォーマットで議論します。

　このフォーマルディベートを英語の授業で指導するには，たとえば，英語の授業時間が十分確保されているなど，ある程度特別な条件が整っている必要があり，実際はその指導がむずかしいことがあります。そこで，本章では，多くの学校現場で取り入れやすいように，特別な条件を整備する必要のないミニディベートを扱うこととし，本格的なディベートについては他の著書に譲ることとします。

(2) チャッティング，ミニディベートの利点

　チャッティングには以下の五つの利点が考えられます。
　①英語を話す雰囲気づくりができる
　②英語を話すことに慣れることができる
　③さまざまな話題について話すことができる
　④心理的な負荷をあまり感じることなく英語を話すことができる
　⑤これまで学習した語彙，文法や表現を使うことができる

　まず一つめに，チャッティングは，仮に授業の始めの帯活動として実践した場合には，英語を話す雰囲気をつくることができます。教師が classroom English を使って英語で指示するなど，教師も生徒も授業の中で英語を使用するという環境を自然につくりだします。

　二つめに，チャッティングを毎時間行えば，声に出して英語を話すことに慣れてきます。声に出すことで発音やイントネーションなどにも注意を払うようになり，また，語彙や表現を繰り返すことで英語の滑舌もよくなります。

　三つめに，チャッティングではさまざまな話題について話すことができます。天気や季節，クラブ活動などの学校生活，娯楽や食べ物などの身近な話題など，話題は豊富にあります。生徒はこれらの話題について日替わりで話をすることで，チャッティングを飽きることなく楽しむことができます。

　四つめに，チャッティングは日常的な話題について生徒同士が二人一組で行う個別的な学習であることから，英語で話すことが恥ずかしい，話す内容が難しい，分からないなどといった心理的な負荷を生徒が感じることはほとんどあ

りません。生徒は，友達と文字通り「おしゃべり」をする感覚で，リラックスして英語を話すことができるのです。

　最後に，チャッティングでは，生徒はこれまで学習してきた語彙，文法，表現を実際に使ってみることができます。学習した事項の機械的な復習ではなく，意味のある，自然な会話の中で使うことにより，生徒は生きたコミュニケーションを体験することができるのです。

　次に，一般的なディベートの利点を考えます。ディベート甲子園の開催など，学校教育にディベートを普及させる活動を行っている全国教室ディベート連盟[2]によると，学校でディベートを行うことによって身につく能力として次の四つが挙げられています。

　①客観的・批判的・多角的な視点が身につく
　②論理立った思考ができるようになる
　③自分の考えを筋道立てて，人前で堂々と主張できるようになる
　④情報の収集・整理・処理能力が身につく

　また，相手に勝とうと努力していく中で，ゲームの緊張感を楽しみながら，自然にこれらの能力を身につけられるのも，ディベートの魅力の一つです。これらは，英語以外の教科，たとえば，国語，社会，総合的な学習の時間などでディベートを行うときの利点ともいえます。

　特に，英語の授業でディベートを取り入れる場合，上の四つの利点の他に，さらに次の三つの利点が考えられます（橋本・石井 1993）。

　①四技能を総合的に強化することができる
　②対話力としての英語力を育成することができる
　③知的対話に必要な語彙を習得することができる

　まず，ディベートでは，「読む」「書く」「聞く」「話す」の四技能が合わさって，コミュニケーション能力を総合的に高めることができます。ディベートにおいて自分の論理で相手側を説得したり，相手側の論理を反駁したりするためには，論理立てて「話す」力をつけることが必要です。また，英語で書かれた資料を事前に「読む」ことにより，情報を集め自分の意見をまとめて原稿を「書く」ことと，討論では相手側の意見を「聞く」ことが必要となります。

　二つめに，対話を進めるための英語力が身につきます。たとえば，「話す」ことに関しては，英語の正確さ，流暢さよりも，自分の意思をどれだけ的確に

伝達するかということに重点を置くなど，相互に意思の伝達を行おうとする力が身につきます。

　三つめに，ディベートでは，挨拶，買物，電話をするときなど日常会話に欠かせない語彙よりも，国際問題，社会問題などその時代に社会の中で話題となっているテーマで使用される語彙を使うことが多くなります。その結果，知的な対話が生まれ，その中で使用する語彙を習得することができます。

　以上のような能力を育成するディベートの特徴は，ミニディベートにも受け継がれています。さらに，ミニディベートには本格的なディベートにはない利点として以下の三つが考えられます。

　①クラスの生徒全員が一斉に同じ活動に取り組むことができる
　②頻繁に授業で行うことができる
　③ゲーム感覚で楽しみながら参加できる

　まず一つめに，ミニディベートはクラスを二人一組あるいは数名で一組という小グループに分けて行う活動であるので，生徒全員が同じ活動に取り組むことができます。教師は時間を無駄にすることなく，限られた時間の中で生徒一人ひとりにディベートの基礎を学習させることができます。

　二つめに，本格的なディベートよりも，ミニディベートの方が簡単に実践できて頻繁に行うことができます。英語の授業では，議論をするための表現を身につけることが大切であることから，できるだけ英語を使う機会をもつ必要があります。つまり，本格的なディベートまで指導しなくても，ミニディベートまでの活動を行えば生徒のアウトプットを増やすことができます。

　三つめに，ミニディベートでは，制限時間を設けたり，グループで競わせたりするなど，ゲームの要素を取り入れることにより，楽しみながらディベートの基礎を身につけさせることができます。ミニディベートに対して楽しいという感覚を生徒にもたせることが大切です。

　本章では，チャッティングを通して論理立てて話すように指導したのち，ミニディベートへと移行させる流れまでを説明します。もちろん，ミニディベートを本格的なディベートへと応用させることができればさらによいでしょう。

2 指導の実際

(1) チャッティング

　チャッティングを教室で行う場合のプロセスについて説明します。ここでは中学生がチャッティングを行う場合を想定します。

　まず，はじめに話題を設定します。チャッティングでは，原則として話題を決める必要はありませんが，あらかじめ話題を設定しておくと多少の準備もできて，チャッティングに取り組みやすくなります。そこで以下のような話題の設定方法を紹介します。

ア) 時期や行事に関連させる

　授業を行う時期やその時期に行われる行事に関連した話題を設定します。たとえば，4月であれば5月のゴールデンウィークの計画など，時期に合った話題を設定します。

イ) 生徒の興味・関心があるものに関連させる

　生徒の興味・関心に合わせた話題を設定します。たとえば，音楽，テレビ，ファッションなど，さまざまな話題が考えられます。生徒にどのような話題について話をしたいか，事前に尋ねるとよいでしょう。

ウ) 教科書の内容に関連させる

　教科書の内容に関連した話題について話をさせると，本文に対する興味・関心を深めることができます。たとえば，教科書で食文化について学習する場合は，好きな食べものや嫌いな食べものなどについてチャッティングをさせます。

エ) ミニディベートに移行しやすい話題を設定する

　ミニディベートに移行しやすくするために，好きか嫌いかなど，理由を述べることを必要とする話題から始め，メリット，デメリットを比較する価値論題に移行し，意見が対立しやすい話題を増やしていきます。価値論題とは，「茶髪は高校生らしいか」「動物園の動物は幸せか」などという価値観について論じるものです。

　次に示すのは，1年間で30週の授業を行うとして，1週間につき1回の割合でチャッティングを行う場合の話題の設定例です。できるだけ生徒が意見を出しやすい内容を設定してください。

月	回	話題	月	回	話題
4月	1	自己紹介（家族，趣味）	9月	16	昼食は弁当がいいか給食がいいか
	2	私の一日		17	最近驚いたこと
	3	連休の予定	10月	18	遠足は電車がいいかバスがいいか
5月	4	連休にしたこと		19	運動会の思い出
	5	私の趣味		20	昼休みをもっと長く
	6	犬が好きか猫が好きか	11月	21	私の宝物
	7	幼少から続けていること		22	中学(高校)生に携帯電話は必要か
6月	8	好きなスポーツ，芸術	12月	23	冬休みの予定
	9	好きなテレビ番組，芸能人		24	冬休みにしたこと
	10	住むには町がいいか田舎がいいか	1月	25	高校は義務教育にすべきか
	11	最近嬉しかったこと		26	バレンタインデーの贈り物
7月	12	夏休みの予定		27	高校は男女共学がいいか男子／女子校がいいか
9月	13	夏休みにしたこと	2月	28	私の夢
	14	行ってみたいところ		29	制服がいいか私服がいいか
	15	最も好きな季節		30	今年最も心に残ったこと

次にチャッティングを行います。チャッティングは以下の①〜⑤のステップで進めます。

①話題を切り出す

Did you see/hear ~? /How was~?などと相手に尋ねたり，It looks like~のようなコメントで始めたりします。

②相手の話に反応する

Really? / You did?と言って「聞いているよ」という相づちを打つ，Me, too.と言って同調や同意をする，No, why?と言って理由を尋ねる，What do you mean?と言って確認する，No way!と言って感情を表す，といった反応をします。その際，Yes / Noだけの返事は禁物です。Yesならば情報を追加し，Noならば相手に質問をするようにします。

③自分の意見を言う

相手の意見に反対する，答えを保留する，自分の言いたいことが伝わっているか確認する，身近な感想を述べる，といったことを行います。
④相手に質問して会話を続ける

　質問は会話を上手に続ける鍵となります。質問には，What do you think? How did you feel about it? のように相手の意見や感想を求めるものと，So? Why? What kind? などの情報を聞き出すものという二つの種類があります。
⑤話を上手に切り上げる

　話を上手に切り上げるためには，It's nice talking with you. See you later. などと言うことが必要です。実際の会話では，It's getting dark already. などと天気や帰途についてコメントしたり，By the way と言って話題を切り上げて本題に入ったりします。

　上のステップに沿ったチャッティングの例を紹介します。下線部の番号がステップの番号を示しています。

S_1 ： ①How was your Golden Week? Did you have a good time?

S_2 ： ②Yes, I did. I went to USJ with my friends.

S_1 ： ②Really? ④Did you try a new roller coaster?

S_2 ： Oh, yes. ③It was a lot of fun. But there were too many people waiting for it. We had to wait for two hours.

S_1 ： ②Two hours! ③That long time.

S_2 ： Yes. ④How was your Golden Week?

S_1 ： ③I just went to see a movie. It's called Future World.

S_2 ： ④It's a science fiction, isn't it?

S_2 ： Yes, it is. ③It's about the world in the thirtieth century. People on the earth are attacked by people from another planet. And…

S_2 ： ③Don't tell it. I want to see it.

S_2 ： All right. ⑤Well, it's nice talking with you.

S_2 ： ⑤Nice talking with you, too. See you later.

　このように②〜④のステップは混じり合って表出しますので，チャッティングにおいても話し手は会話を続けるために，質問→答えという流れを基本に

して，そこに自分の意見や感想，新しい情報などを追加していくことが大切です。

(2) ミニディベート

次に，ミニディベートを行います。ミニディベートでは，チャッティングのように思いつくまま話を続けていくこととは異なり，設定されたテーマ，命題（resolution）に対して自分の意見を述べるとともに，相手の意見に反論して話を進めていきます。命題を設定する際には，生徒の興味・関心に応じて身近な題材を使い，できる限り生徒が学習した語彙や表現を使える内容となるよう配慮してください。以下の例は中学校，高等学校で扱える命題です。

（中学校の例）
・We should wear plain clothes when we come to school.
・Living in a big city is unpleasant.
・Watching TV is a waste of time.
・Soccer is more interesting than baseball.
・Lunchtime should be longer than forty-five minutes.

（高等学校の例）
・We should wear plain clothes when we come to school.
・School should forbid students to bring a cellular phone to school.
・High school students shouldn't have part-time jobs.
・University entrance examinations should be abolished.
・Japanese baseball players should play in the Major League.

これらの命題を使って理由を述べて賛成したり反対したりする言語活動を行います。ここでは，仮に，"Watching TV is a waste of time." を命題とし，以下の三つの手順を踏んで，ミニディベートを行います。

　　　ブレーンストーミング → ミニディベート → ジャッジ

まず，命題に対する賛成と反対の理由を生徒に自由な発想で考えさせる時間を与えます。これはブレーンストーミング（brainstorming）と呼ばれています。また，賛成，反対それぞれの理由を述べることを立論（constructive speech) といいます。たとえば、賛成と反対の両方を考えさせる場合、以下の手順で行います。

①生徒は紙1枚を縦に半分に折り、紙の左側に箇条書きで肯定の理由（立論）を書き、リストをつくります。
②生徒がリストをつくり終わったら、教師は生徒から肯定の理由を聞いて黒板に書き出します。
③生徒は自分の意見と異なる肯定の理由をリストに書き加えます。
④次に、生徒は肯定の理由の右側にそれぞれの意見に対する否定の理由（立論）を書きます。
⑤生徒が否定のリストをつくり終わったら、教師は生徒から否定の理由を聞いて、黒板に書き出します。
⑥生徒は自分と異なる否定の理由があれば、リストに書き加えます。
⑦英語の表現については適宜指導します。

以上の手順を踏むと、次のような表が完成します。

Watching TV is a waste of time.	
肯定の理由（立論）	否定の理由（立論）
1. There are not many good programs, so we don't learn a lot.	1. There are some good useful programs, so we can learn something.
2. Many programs are just for fun.	2. There are useful, educational programs.
3. We have more important things to do, for example, studying, than watching TV.	3. We can learn important things from watching good programs.

この表をもとに、ミニディベートの流れを以下のような図で示し、生徒に説明をします。

肯定の立論1→否定の反論1→否定の立論1→肯定の反論1
↳肯定の立論2→否定の反論2→否定の立論2→肯定の反論2
↳肯定の立論3→否定の反論3→否定の立論3→肯定の反論3

肯定と否定のそれぞれの立論1～立論3についてはブレーンストーミングで書き留めてありますが，下線部を引いた否定と肯定のそれぞれの反論1～反論3については書き留めていません。そこで，上のブレーンストーミングのリストが完成した後，反論をそれぞれ考えて書き留めておきます。

　ジャッジをする際には判定用のフローシートを用います。フローシートは，用紙を次のように縦に四つに折り，上のミニディベートの流れに沿って左側から右側へ，肯定の立論，否定の反論，否定の立論，肯定の反論と，それぞれ聞き取った立論のメリットや反論を書き留められるようになっています。

肯定の立論 →	否定の反論 →	否定の立論 →	肯定の反論
メリット1 メリット2 メリット3	反論1 反論2 反論3	メリット1 メリット2 メリット3	反論1 反論2 反論3

　ジャッジはミニディベートを聞きながら，その内容を図示するようにします。たとえば，"There are not many good programs, so we don't learn a lot."ならば，「良番組・多くない，学び・×」などとジャッジ自身が分かるようにキーワードや記号でメモを取ります。また，的確に反論できているところは「→」で結んだり，論理が通っていない内容には「?」，説得できる意見には「◎」などを書き加えたりします。以上の評価をフローシートに書き込み，勝ち負けを総合的に判定します。

　また，自分の意見を理由とともに述べるときや，相手の意見に反対しその理由を述べるときに使われる次のような表現をあらかじめ指導しておきます。

（自分の意見を立論する）
・I think ~ because ~.
（相手の意見に対して反論する）
・You said (that)~. But I don't think so, because ~.
・I don't agree (with you). I have two reasons. One is ~. The other is ~.
・I see your point, but ~.
（ことばの意味について説明を求めるとき）

・What do you mean by ~ ?

　次に，いよいよミニディベートを行います。ミニディベートには学習段階に応じてさまざまな方法がありますが，ここでは討論を行う形式や生徒の人数に応じて四つの例を紹介します。

ア）チョークディベート（chalk debate）〈クラス全体で討論させる場合〉
　クラス全体を賛成と反対の二グループに分けて，命題に対する賛成と反対の意見を黒板に書き出すことにより，生徒は黒板を見ながら質問や意見のやりとりをする活動です。これはチョークを使って黒板の上であたかもディベートをしているかのような形になるので，チョークディベートと呼ばれます。具体的な手順は以下のとおりです。
　①クラスの生徒を賛成と反対の二つのグループに分けます。
　②教師は黒板の真ん中から左側を肯定側，右側を否定側に分割します。
　③教師は肯定側の生徒から肯定の意見を聞いて黒板の左側に書きます。
　④次に，その肯定の意見に対する否定側の反対意見を否定側の生徒から聞いて黒板の右側に書きます。
　⑤時間を区切って，この流れを繰り返します。
　⑥賛成，反対の意見が出るたびに教師は内容や語彙の確認をします。
　⑦制限時間がきたら，全員で黒板に書かれた理由を読み，質問や意見のやりとりを行います。
　⑧生徒全員がジャッジとなり，客観的にどちらが優位か判断させます。

イ）ピンポンディベート（ping-pong debate）〈6名で行う場合〉
　ピンポンディベートとは，相手の述べた賛成（または反対）の意見を引用した後，自分の反論を行うことをピンポンのボールを打つように繰り返していくことから名付けられたミニディベートの一種です。ここでは1チーム3人で説明します。6人グループになって机をくっつけ，3人一列となり賛成チームと反対チームに分かれます。具体的な手順は以下のとおりです。
　①一人めの生徒A（肯定側）は，次の生徒B（否定側）に対して自分の意見（肯定側の理由）を述べます。
　②それを聞いた生徒Bは，一人めの生徒Aの意見を繰り返した後，生徒C（肯定側）に対して反論を述べます。

③さらに，生徒Cは生徒Bの意見を要約した後，自分の意見を含めて次の生徒D（否定側）に対して反論を述べます。
④生徒Dは，生徒Cの意見を繰り返した後，生徒E（肯定側）に対して反論を述べます。
⑤生徒Eは，生徒Dの意見を要約した後，自分の意見を含めて次の生徒F（否定側）に対して反論を述べます。
⑥最後の生徒F（否定側）が一人めの生徒A（肯定側）に対して意見を述べたところで終了します。前の人が言った同じ内容を自分の理由として繰り返さないように注意をさせてください。

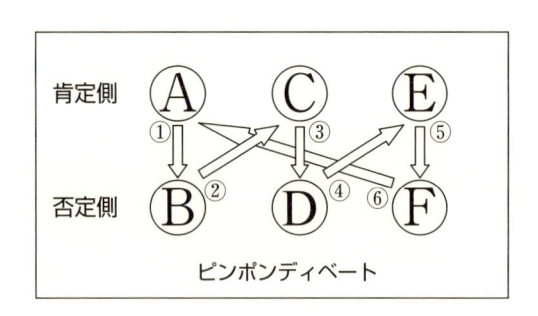

ピンポンディベート

〈ピンポンディベートの例〉

A : I think watching TV is a waste of time because there are not many good programs and we don't learn a lot by watching TV.

B : Student A said watching TV is a waste of time because there are not many good programs and we don't learn a lot by watching TV, but I don't think so. I think we can learn something by watching TV because there are some good useful programs, for example, ones on the NHK educational channel.

C : Student B said we can learn something by watching TV because there are some good useful programs, but I don't think so. I think many programs are just for fun. We just watch and will forget soon.

ウ）ダイアログ（dialog）〈ペアで討論させる場合〉

ダイアログとは二人で行うミニディベートです。具体的な手順は以下のとお

りです。
　①クラスを二人一組に分けます。
　②命題に対して，肯定側と否定側をそれぞれ決めます。
　③前述したブレーンストーミングのリストをもとに，ペアで肯定側と否定側に分かれて簡単な会話をさせます。その際，チャッティングの五つのステップをできるだけ意識させてください。
　④自分たちでジャッジをさせます。

〈ダイアログの例〉

> A : Let's discuss whether watching TV is a waste of time.
> B : Yes, let's. I think watching TV is a waste of time because we don't learn a lot by watching TV. We watch and forget.
> A : Well, I don't think so. I think we can learn something if we're really interested in a program. For example, if we're interested in baseball, we can learn how to play well and practice it from the next day. It's not a waste of time.
> B : I see your point, but many people don't watch TV in that way. Many programs are just for fun, so they just turn on TV, and laugh. That's it.
> A : But there are useful, educational programs. We can learn important things from watching good programs.
> B : I don't agree. We have more important things to do, for example, studying, than watching TV.

　また，クラスを4人一組に分けて，次の図のように一人当たり3回ずつダイアログを行わせることもできます。

　まず，1回めのダイアログは，左右隣同士に座っている生徒A（肯定側）と生徒B（否定側），生徒C（肯定側）と生徒D（否定側）がそれぞれ行います。2回めは，前後の生徒同士でどちらかが立場を替えて行います。最後の3回めは，それぞれ肯定側と否定側の立場を替えて，斜めに座っている生徒A（否定側）と生徒D（肯定側），生徒B（否定側）と生徒C（肯定側）がそれぞれ行います。この場合，自分たちでジャッジをさせます。

　ジャッジを別の生徒にさせる場合，生徒Aと生徒Bがダイアログをすると

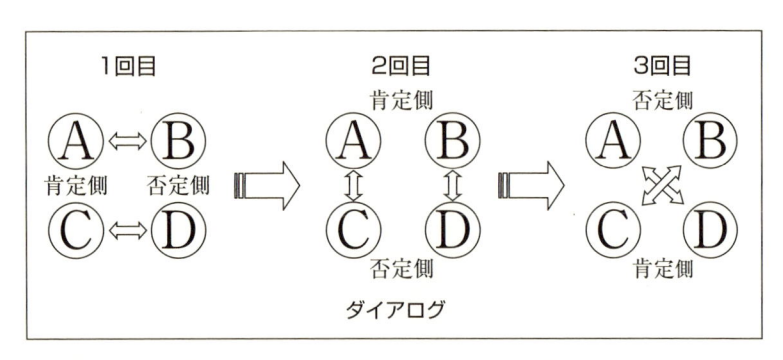

```
  1回目              2回目              3回目
              肯定側              否定側
 A ⇔ B         A   B            A   B
肯定側 否定側    ↕   ↕             ✕
 C ⇔ D         C   D            C   D
              否定側              肯定側
              ダイアログ
```

きには生徒Cと生徒Dがジャッジを，生徒Cと生徒Dがダイアログをするときには生徒Aと生徒Bがジャッジをします。

エ）テニスディベート（tennis debate）〈4名で討論させる場合〉

　テニスディベートとは，肯定側・否定側のそれぞれのチームの人数分だけ，ちょうどテニスで互いがボールを打ち合うように意見の応酬をするミニディベートです。チームの人数は通常二人ですが，あまり多くなると一人当たりの発言する回数が少なくなるので避けてください。ここでは4人一組になり，生徒Aと生徒Bが肯定側に，生徒Cと生徒Dが否定側になる例を説明します。具体的な手順は以下のとおりです。

① まず，生徒Aが "We think watching TV is a waste of time because we don't learn a lot by watching TV. We watch and forget." と発言し，肯定側のスピーチをします。

② 次に，生徒Cが生徒Aの話した内容について質問をします。ここでは "watch and forget" ということが具体的にどのような事実をさしているのかを確認します。そして，生徒Cが生徒Aに対する否定側のスピーチをします。

③ 生徒Bは生徒Cに質問をします。質問をする前に，生徒Bは生徒Cの意見が生徒Aの意見とずれていないか，曖昧なところはないかなどについてよく聞いておきます。そして，生徒Bは肯定側のスピーチをします。

④ 生徒Dは，③と同様の点に注意をしながら生徒Bに質問を行った後，否定側のスピーチをします。

⑤ 生徒Aは生徒Dの話した内容について質問をし，テニスディベートを終了します。

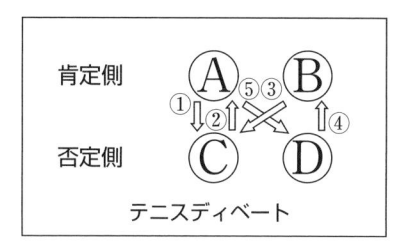

```
肯定側  Ⓐ ⑤③ Ⓑ
      ①↓②  ✕  ↑④
否定側  Ⓒ    Ⓓ
      テニスディベート
```

〈テニスディベートの例〉

A : We think watching TV is a waste of time because we don't learn a lot by watching TV. We watch and forget.

C : What do you mean 'we watch and forget'? If we're really interested in a program, I don't think we will easily forget the program. We will remember it because we have learned something from the program. For example, if we're interested in baseball, we can learn how to play well and practice it from the next day. It's not a waste of time.

B : I see your point, but many people don't watch TV in that way. Many programs are just for fun, so they just turn on TV, and laugh. That's it. We think that students have more important things to do than watching TV. For example, we have to study or work hard for our club activities. In this sense, we think watching TV is a waste of time.

D : It's true that we're busy studying or working for club activities, but this does not mean that watching TV is a waste of time. We, the negative side, are saying that watching TV itself is not a waste of time if we really want to learn something from TV programs. These days, there are a lot of useful, educational programs. We can learn important things from watching good programs.

A : Are there many useful, educational programs? We don't agree.

3 まとめ

チャッティングからミニディベートまでの活動は,「原稿の形で準備しない」

スピーキング活動の一例であり，学習者にある程度の発話量を促すことを目的としています。特に，ミニディベートは最終的にフォーマルディベートに移行しなくても，発話量を増やし，英語で議論を行うことができる基礎的な力を育成することができます。この英語で議論するという力を育成するには，以下の三つのポイントが大切です。

　一つめは，原稿を持たずに話をさせて，学習者に考えながら英語を話す習慣を身につけさせるということです。チャッティングとミニディベートのどちらにおいても，相手の反応に合わせて話の内容を考えて話すためには原稿は必要ありません。また，聞いた内容に対してすぐさま返答をしなければなりません。原稿を持たないことで，学習者は自分が言いたいことを考えながら話す習慣が身につくのです。

　二つめは，学習者に相手の意向を正確に聞きとらせるということです。チャッティングでもミニディベートでも相手の話す内容を正確に聞かなければ，適切に応答することはできません。そのため，話し手も相手が返してくる英語を正確に聞き取り，理解することが不可欠になります。メモを取る習慣をつけさせてください。

　三つめは，学習者に相手の意向を聞き取った後は自分で判断を下して，自分の意見をきちんと相手に対して述べさせるということです。ただし，チャッティングとミニディベートでは自分の意見を相手に述べるというときには異なった力が求められます。つまり，チャッティングでは，話題を続けたり転換したりすることなど，会話の流れを自然にするということが大切ですが，ミニディベートでは，肯定側か否定側かという自分の立場に沿って論を組み立てながら話すということが大切です。

　以上の三つのポイントをふまえてチャッティングからミニディベートまでの指導を行うことが，学習指導要領の外国語科の目標で謳われている「情報や相手の意向などを理解したり自分の考えなどを表現したりする実践的コミュニケーション能力」の育成につながるものだと考えます。

〈注〉
(1) English Club, http : //www.englishclub.com/speaking/small-talk.htm.
(2) 全国教室ディベート連盟，http : //nade.jp.

第 12 章

プロジェクト学習

1 指導の背景

(1) なぜ今プロジェクト学習か

　プロジェクト学習（project work, project-based learning）は一般的にはまだ馴染みのないことばかもしれませんが，英語を単にコミュニケーションの手段としてだけでなく，学習の手段として位置づけた学習，つまり Learning through English と捉えることができます。学習者に達成すべき課題が与えられる点で，わが国の教育現場でも実施されているタスク活動に似ています。しかしタスク活動が通常 1 回の活動で完結するのに対して，プロジェクト学習は一定期間継続して行われるため，さまざまな段階でのアウトプットが可能です。また，言語要素や言語技能に焦点を当てた方法は広く行われていますが，プロジェクト学習はこれを補うものであり，英語が学習手段になると聞かされると，つい上級者の学習活動のように思われがちですが，ほとんどあらゆるレベル，年齢，能力の生徒に使用できる学習アプローチと考えられています（Stoller, 1997 ; Lee, 2002）。近年，日本の学校教育においてもこのプロジェクト学習への関心が高まっていますが，その背景を探ってみましょう。

　まず，教育一般における新しい動きが英語教育にも影響を与えていることが挙げられます。その一つは 1990 年代頃から聞かれるようになった「参加型学習」です。この学習は学習者が社会参加することをねらいとしており，その実現のために学習者がリラックスした状態で，相互の意見交流・理解を促進させ，その過程で新しい発見をしていくような方法・手法を用います（山西, 2002）。この流れは，古くはデューイ（Dewey, 1900）による問題解決学習や新教育運動，フレイレ（Freire, 1970）による識字教育や課題提起教育に遡り，1970

年代のワールドスタディーズやグローバル教育の系譜に位置づけられます。もう一つは1998（平成10）年に創設された「総合的な学習の時間」です。生徒自ら課題を見つけ，自ら学び，自ら考える力を育成することと，情報を集め，調べ，まとめる力を身につけさせることがねらいです。具体的には，体験学習や問題解決型の学習活動，また発表や討論を行います。従来の伝統的学校教育が，知識偏重の教育，あるいは詰め込み教育と批判されてきたことに対する反省から生まれたものといえます。

次に英語教育における変化に目を向けると，1989（平成元）年以降学習指導要領の外国語教育では，コミュニケーション重視，実践的コミュニケーション能力の育成という目標が明確に示されています。それに伴い，実際の授業でもタスク活動をはじめさまざまなコミュニケーション活動が取り入れられるようになっています。また，第二言語や外国語を用いて教科の内容（content）を教える中で，自然な形で目標言語を習得させることをねらいとした内容中心教授法（Content-based Approach）への関心も高まってきています。「世界の英語教育の流れは英語についての学習から英語での学習に移行しつつある」（伊東，2000, p.19）のですから，今後四技能統合の必要性はさらに増し，学習方法もさることながら学習内容がより重要視されるようになると考えられます。

以上のような動きから，英語教育の中にプロジェクト学習を組み入れる状況が整いつつあるといってよいでしょう。

(2) プロジェクト学習の特徴

プロジェクト学習で扱うプロジェクトの種類は多様です。たとえば，Stoller (1997) は教師のコントロールの度合いによる分類，実社会との関わりのあるなしによる分類，データ収集のテクニックや情報源の違いによる分類など，さまざまな分類を試みています。しかし，どのような種類であれ，プロジェクト学習には以下の七つの特徴が共通していると考えられます。

①英語を「学習の手段」として位置づけている
②プロセスだけでなく，プロダクト（アウトプット）にも重点を置く
③生徒間，生徒と教師の間のインターラクションが豊富である
④生徒中心であり，教師はファシリテーター（facilitator）や助言者として，必要に応じて適切なサポートや指導を行う

⑤生徒の学習意欲を促進し，言語スキル，内容学習，認知能力を高める
⑥コミュニケーションの自然な姿である四技能の統合，発達が可能である
⑦1回の授業で完結するのではなく，一定の期間，できれば1学期間継続して行えば大きな成果が期待できる

　これらの特徴から，プロジェクト学習は細分化された言語知識や技能を教える従来型の授業形態とは異なり，全体性や継続性に重きを置く学習であり，生徒の内在する力を引き出すことをねらいとしていることが分かります。

(3)　プロジェクト学習の手順

　プロジェクト学習の基本的な手順としては，次のようなステップが考えられます（cf. Alan & Stoller, 2005）。
①クラスでの話し合いを通してプロジェクトのテーマを決める
②クラスでの話し合いを通してプロジェクトの最終プロダクトの形を決める
③最終プロダクトに至るまでのプロセスをクラスに明確に提示する
④情報収集の準備をさせる
⑤情報を収集させる
⑥データ編集，分析の仕方を学ばせる
⑦情報を編集し分析させる
⑧最終アクティビティに必要な話しことば，書きことばを学ばせる
⑨最終プロダクトを発表させる
⑩プロジェクトを評価させる

　プロジェクト学習の特徴の一つは生徒中心ですが，だからといってプロジェクトのテーマや最終プロダクトに関して，生徒がすべてを決定しなければならないというわけではありません。年間計画として大きな枠組みは教師があらかじめ決めておく場合もあります。ただ，教師主導型の場合でも，クラスでの話し合いを通して常に生徒がプロジェクトに関わっている気持ちをもてるようにしましょう。

(4)　最終プロダクトと評価について

　プロジェクト学習では，最終プロダクトとして最後にはっきりと具体的な形で学習成果を示します。これにより生徒同士が分かち合ったり，批評しあうこ

とができ，さらに生徒自身が作品を振り返ったり，改良できる（Blumenfeld et. al., 1991）という利点があります。この最終プロダクトは大きく三つに分類できます。一つめは，オーラル・プレゼンテーション，ポスター・セッションなど口頭発表を含むものです。オーラル・プレゼンテーションでは，黒板や画用紙などを利用してグラフや要点を書いたものを示しながら発表すると，丸暗記ではない自然なプレゼンテーションになります。メディア機器が充実している学校ではパワーポイントを使うと，視覚的により高い効果が得られるでしょう。また，ビデオ撮影したものにナレーションをつけることも考えられます。二つめは，文字を使った作品（written product）で，与えられたトピックについてまとめたレポートや校内の出来事を掲載した英語新聞，ニューズレターが代表的なものです。三つめは，コンピュータプログラムなどコンピュータを利用した作品で，これは教育現場でのICT（Information Communication Technology）の普及により，今後はますます増えると予想されます。

　プロジェクト学習では生徒に自己評価や相互評価（peer evaluation）をさせますが，それとは別に教師が行う評価もあります。評価の方法としてはポートフォリオ評価[(1)]が適しているでしょう。プロセスとプロダクトを重視するプロジェクト学習では，それぞれの段階で，下書き，清書，クラス・ディスカッション，ミニ発表など，いろいろな形のアウトプットがあり，最後にはその集大成として最終プロダクトという大きなアウトプットが求められます。プロセスも含めて総合的に評価するのがこの学習にはふさわしいのではと思われます。

2　指導の実際

　前述の「指導の背景」では，プロジェクト学習のさまざまな面を概括しましたが，ここでは日本の学校現場でどのようなプロジェクト学習が可能であるのかについて，四つの実践例を紹介しながら具体的に述べていきます。

（1）　情報発信に焦点をあてたプロジェクト学習――「ビデオレター」制作

　現在の英語教育の目標は実践的コミュニケーションの育成であり，この目標に沿って発信型の授業がより重要になってきています。手紙や絵葉書，最近で

は電子メールを書くというタスクはよく行われる活動ですが，英作文の練習のためでなく実際にだれかにメッセージを送るためなら，生徒の興味・関心も高まり意欲的になります。この情報発信型の授業をプロジェクト学習として組み立ててみましょう。たとえば，ビデオレターの制作です。最近ではビデオ以外にDVDやインターネットで画像を送る場合もあるので，広く映像レターと捉えてください。絵葉書のような1回で終わるタスク活動と違い，作品の規模にもよりますが5時間程度は必要です。「クラブ活動」「文化祭」「地域の伝統芸能」などのさまざまなトピックが考えられますが，実際にだれかに見せる目的があれば，生徒は本物のコミュニケーションに関わったときに生まれる達成感をもつことができます。学校にALTや交換留学生がいる場合は彼らに見てもらい，内容に関して生徒たちへ質問をしてもらえれば，アウトプットの機会はさらに増えるでしょう。また，海外に姉妹校や提携校がある場合は，映像レターで交流を深めることができます。相手校からも同様の映像レターが返ってくれば，より生徒の励みになります。実際の授業では，以下のステップに基づいた展開が考えられます。

①グループ分けとテーマ決定：1グループは3～5名で構成する。大きなテーマは教師が提示，または生徒の希望をもとに決める。具体的な内容に関してはグループ内で話し合わせる。同じ内容が重ならないように，決まったグループから発表させる。

②原稿作成：授業時間を使って原稿を作成させるが，時間内に終われないときは宿題にして完成させる。必要に応じて，この段階で教師が構成に対してアドバイスを与えたり，英語表現に関する質問に答えたりする。

③プレゼンテーション練習：原稿を読まないこと，カメラに向かって話すこと，全員が参加することなどの基本的な注意を与える。

④ビデオ撮影：昼休み，放課後も利用して撮影させる。ただし，内容によっては遠足時や夏休みなども利用する。

⑤ビデオ編集：撮影したものを1本のビデオに編集。これは教師が行ってもよいし，時間があれば生徒にさせてもよい。

⑥ビデオ鑑賞と評価：評価シートを用いて生徒による自己評価，相互評価を行わせる。これとは別に教師がA～Cの3段階で評価する。評価のポイントは，内容，英語，態度の3ポイントとする。

⑦姉妹校や交流校がある場合はビデオを送る。

以下の原稿は，高校3年生対象の授業で一つのグループが作成したものです。

Topic──JAPANESE SWEETS AND SNACKS

S_1 : Today we will introduce Japanese sweets to you.

S_2 : (Showing rice cracker) This is rice cracker. Rice cracker is made from rice and flavored with soy sauce, *shoyu*. It is popular among old people.

S_3 : This is *manju*, traditional Japanese sweets. It is also popular among old people. (Showing how to eat it) We eat like this. The bean paste is very sweet and delicious.

S_1 : (Showing the snack) This is *Jagariko*. It is a very trendy snack and popular with young people. *Jagariko* is made from potato.

S_2 : (Showing the snack) *Pocky* is the most popular chocolate confectionery that was first made in Japan about 40 years ago. *Pocky* is made by coating Pretzel sticks with various kinds of chocolate. *Pocky* is sometimes decorated with topping. Moose chocolate type *Pocky* has almond and coconut flavor, too. Do you know *Pocky* is exported to Europe and loved as a snack with the name of "*Mikado*"?

日本紹介というと，教師の側は大きなテーマを思い描いてしまいがちですが，このグループは日頃自分たちが食べているスナック菓子や日本の伝統的な菓子という大変身近なものを選んでいます。文章自体は平易でも，ビデオカメラの前に向かって品物を示しながらプレゼンテーションをすることを考えると，伝えたい内容は十分に表現できているといえるでしょう。

(2) 地域に密着したプロジェクト学習──観光ボランティア

学校の所在地によって，その地域の歴史や伝統，文化と関わったプロジェクトを見つけることができます。日本では学校と地域が交じり合うことはあまり一般的ではありませんが，英語の授業が教室を飛び出し地域と関わることで，

第12章　プロジェクト学習

生徒は社会とのつながりを意識するようになります。実際に留学生や海外からの訪問者を案内することがあれば，動機づけはより高まります。以下は，奈良という地域性を生かして行った指導のステップです。

①グループリサーチ：各グループで留学生を案内する場所を決める。案内する場所に関する情報収集を行い，英語でまとめる。

②知識補充ならびに表現指導：グループリサーチと並行して，地域の文化，慣習，伝統などに関する知識補充を行う。この知識補充はパワーポイントを使って，英語の表現を覚えながら行う方法がある。以下はその手順である。

例)「おみくじの引き方」

箱を振って数字の書いてあるおみくじの棒を一つ引きます。その数字のおみくじがあなたの運勢です。	Shake the fortune box and draw one of the numbered sticks. The paper with the number you draw tells your fortune.	左右の画面に日英対訳を記しておく。ペアの片方が日本語を読み，もう一方が英語を読む。
・箱を振る ・おみくじの棒を一つ引く ・数字が運勢	・The fortune box ・One of the numbered sticks ・The paper with the number	いくつか単語を削りキーワードを残しておく。そのキーワードを見て，自分で英語を補充しながら左画面に記されている日本語の内容を伝える練習を行う。
おみくじの引き方（引いた数字が運勢まで）を説明する。	Sorry, no hints.	伝える内容を頭に入れ，自分で英語を作り上げる。最終的に案内する側，される側に扮しロールプレイをする。

③プレゼンテーション能力を高める：各グループで決めた案内する場所の内容

をパワーポイントでまとめ，英語で発表する。パワーポイントには写真など視覚的なものも入れる。

④模擬案内：案内の前に実際現地に行き，下見を行う。場所の確認だけでなく現物を見ながら説明の練習を行う。他の生徒に英語を聞いてもらう。下見をすることによって生徒は現地で新たな情報を得ることもでき，模擬案内をしたことで自信にもつながる。

⑤案内実施：案内を行う前に，生徒に観光案内を行うときの10個の約束事を書かせ，意欲を高めさせる。たとえば，観光案内の途中に相手の国に関して三つ以上質問する，自分の学校に関することを三つ以上説明するなど，グループで決める。観光案内の終了後，いくつ実施できたかを確認し，それを自己評価につなげる。また，留学生には生徒のガイドを評価してもらう。実際の案内では留学生が質問をすることがあるが，質問に答えられなかった場合は，質問の内容をメモしておき，後日調べておくように言う。

⑥まとめのパンフレットづくり：このプロジェクトのまとめとして，自分たちがリサーチした内容や案内した場所の内容をまとめ，英文パンフレットにする。これを留学生の母校に送る。

⑦評価：この授業の評価は，ポートフォリオ評価が適している。パワーポイントの発表内容，パンフレットの内容，案内がどの程度できたかについて自分で評価する自己評価，案内された側がそのガイドの内容を評価するガイド評価，プレゼンテーションの内容を学習者同士が評価する相互評価などがここではポートフォリオ評価として使える。

では，たとえばパワーポイントを使って東大寺を紹介するプレゼンテーションを紹介します。スライドの枚数はグループによって異なりますが，だいたい12

The Great South Gate
- The largest wooden gate in Japan
- 25m high
- 30m wide
- 10m deep
- There are The guardian Kings

The Guardian Kings
- Made by Unkei and Kaikei
- In Kamakura period
- 69 days
- 3000 wooden blocks
- 8.4m
- Repaired in 1988

枚ぐらいです。以下はその内の2枚で，写真やイラストを入れています。

上記のスライドを見せながら，生徒は以下の説明を行いました。

> (説明の続き)... Next, I will show you the Great South Gate. This is the largest wooden gate in Japan. It is 25 meters high, 30 meters wide and 10 meters deep. There are the guardian kings which were made by Unkei and Kaikei. These kings were made in Kamakura period. It took 69 days to complete them. About 3,000 wooden blocks are used for each statue. Each statue is 8.4 meters high. They were repaired in 1988.（別の説明が続く）

実際の発表では，ジェスチャーを使ったり，対話形式で行ったり，各グループで工夫していました。この形式の発表は与えられたキーワードをつなげて発表することができるので，原稿を読む発表から脱却できるのが特徴です。

(3) 「総合的な学習の時間」と連携したプロジェクト学習——ワークショップ「世界がもし100人の村だったら」

「総合的な学習の時間」（以下「総合」）は小学校での意欲的な実践報告が多くある一方，中学校，高校と学年が上がるにつれ，お荷物的な扱いをされたり，適当に学校行事とからめて終わりという場合もあるようです。しかしながら，この時間を英語教育と連携させ，プロジェクト学習として有効に活用することもできます。「総合」は生徒の自発性を引き出し，学習活動の過程で情報の集め方やまとめ方，発表などの仕方を学ばせることを目標にしていますが，それはプロジェクト学習の特徴と一致します。「これまでの英語教育においては学習者の自己や主体性との関わりがあまりに希薄であった」（伊東，2000，p.19）ことを考えると，英語教育と「総合」の連携には大いに意味があるといえるでしょう。

「総合」には教科書がありません。それだけに教師にとっては腕のふるいがいがあります。一例として「ワークショップ版世界がもし100人の村だったら」[(2)]を使ったプロジェクト学習を考えてみましょう。この100人村ワークショップは，シミュレーション（擬似体験）という参加型の方法で，世界には多様な言語や文化をもつ人々が住んでいること，そしてそこには大きな貧富の

格差があることを体験的に学ばせることをねらいとしています。この100人村シミュレーションにつなげていくために，次の手順で授業を展開します。なお，活発な意見を出させるために，クラスをいくつかのグループに分けておき，机の配置を変えるなど工夫をして生徒同士が向き合える形を整えておきます。

①関心の隔たりを知る活動：大きな世界地図を用意する。生徒の「行ってみたい国」に付箋を貼らせる。地図上で付箋がどの辺りに多いかを確認させた後，あらかじめ配布してあるワークシートに，付箋の枚数の多い順に五つの国名を書かせる。次に，その結果についてグループ内で話し合わせ，ワークシートにまとめを書かせる。最後にグループの代表がまとめを発表し，他のグループはワークシートに書き取る。

②情報量の格差を知る活動：グループに大きな模造紙を配布し，3等分した枠に「行きたい国」上位の国，中位の国，順位の低い国から1国を選び，それぞれの国について知っていること―地理・歴史・文化・食べ物・芸術・有名人など―を思いつくまま書き出させる。普段の情報量の違いにより明らかな差が出る。具体例を挙げると，アメリカ合衆国，イタリア，シンガポールのときは順に203項目，112項目，55項目で，圧倒的にアメリカ合衆国の数が多くなっていた。

③調べ学習を経験させる：グループで選んだ国の言語や文化，また環境を始めさまざまな問題について，書籍やインターネットを使い，必要な情報を収集させる。

④プレゼンテーションの準備をさせる：③で調べたことをもとに，発表する内容を決め，ワークシートに具体的なプランを書いて提出させる。次に2時間使って，画用紙や模造紙に絵やグラフを描くなど，プレゼンテーションの準備をさせる。パワーポイントが使用できるなら，それも可とする。

⑤プレゼンテーション：発表はグループの全員に役割分担をして行わせる。自己評価と他のグループの評価をさせる。

⑥「世界がもし100人の村だったら」ワークショップ：参加人数にもよるが，体育館や集会室など，ある程度の広さがある場所が望ましい。活動は生徒一人ひとりに配布する役割カードの情報にしたがって行う。カー

ドの数は参加人数によって増減する。カードには，性別・子どもと大人の区別・地域・言語・挨拶のことば・「座ってください」を意味するネパール語の表記，ないしは「あなたは文字が読めません」などの情報が書かれている。終了後に感じたことを発表させたり，学んだことを書かせたりする。

　これら六つの活動をすべて英語でやることができれば理想的ですが，部分的にでも英語を「学習の手段」として活用することから始めてみましょう。実施するクラスや生徒のレベルを考慮に入れ，話し合いは日本語でもグループの代表による発表は英語で，また図書館での調べ学習は日本語であってもプレゼンテーションは英語でといったように，柔軟に対応してください。提出させたワークシートは，その内容を簡単にまとめるなど何らかの形で必ず次週に生徒にフィードバックをします。そうすることで生徒に次のステップとのつながりを意識させることができるからです。

　以下では100人村ワークショップの実践の一部を文字で再現しました。教師はALT 2名，JTE 1名，対象は高校1年生です。

T_1 : Okay. Warm up! The first question. What is the world population now?
S_1 : 63 billion!
S_2 : One million hundred?
T_1 : Correct answer is…
T_2 : （黒板に"63 billion"と書きながら）　Is that right?
S_s : No.
S_3 : Six point three billion.　（T_2 が黒板に正解を書く）
T_1 : （T_2 が黒板に問2，3の答えをそれぞれ三つ書く）Second question. What was the world population in 1950? No.1, two point five billion, No.2, three point five billion, No.3, four point five billion. Raise your hands for No.1, No.2 or No.3.（正解に○をつける）
T_2 : Question 3. What will the world population be in 2050？（黒板の答えを指差しながら）Raise your hands.
S_s : 黒板に書かれた三つの答え（1）7.3 billion　（2）8.3 billion　（3）9.3 billionを見ながら，手を挙げて答える。

(「役割カード」を配布する)

T_2 : The information on the paper is a secret.
T_1 : Please don't show it. Secret!

［活動1：女性と男性どっちが多い？］

T_2 : Stand up and move. Men on the left, women on the right. How many men are there?
S_1 : Eighteen.
T_2 : How many women?
S_2 : Twenty-one.
T_2 : There are more women than men.(3)

以下，［活動2：世界は今，高齢化？若年化？］［活動3：大陸ごとに分かれてみよう］［活動4：世界のことばで「こんにちは」］［活動5：文字が読めないということ］［活動6：世界の富はだれがもっているの？］と続く。

　英語での指示や説明は，対象学年や生徒のレベルに合わせて難易度や分量を調節できるので，中学校でも高校でも実施可能です。教師と生徒間のインタラクションをもっと増やすには，活動ごとにクイズ形式で質問をしたり，生徒の理解を確かめる時間を取ったりするとよいでしょう。こういった授業には慣れていない生徒が多いので，言語や大陸名などの固有名詞，大きな桁の数字の読み方などといったワークショップで使用する英語表現を事前に教えておくと，後の活動が円滑に行えます。ワークショップの後に，"If the world were a village of 100 people"という英語版のエッセイ(4)を読ませると，実際にワークショップで体験したことに加え，より深く世界の現状を知ることができます。また，ワークショップには発展学習(5)として，「地球温暖化を考える」，「国内の経済格差を考える」，「食糧問題を考える」などもあり，1年間を通して取り組んでいくと，生徒の問題意識をより深めることができます。

(4) レポート作成型プロジェクト学習──オーストラリア留学体験記

　夏休みの宿題に英語で日記や作文を書かせることは一般的ですが，かなり長期に渡って英語を書くという活動はあまり頻繁に行われていません。ここで紹介する「卒業レポート」というプロジェクトでは，教科の学習内容やクラブ活

動の体験などから，高校生が自ら興味・関心のあるテーマを選び，担当教師の指導を受けながら，ほぼ１年をかけてレポートに仕上げていきます。英語に関するテーマを選ぶ生徒も多く，その中で筆者が担当したテーマは，時事英語，黒人英語，日英のことわざの比較，日米十代向けの雑誌の比較，英語のスラング，前置詞の研究などです。卒業レポートを日本語で書く生徒が多いのですが，人気漫画を英訳したり，英語で童話を創作したり，自分の留学体験を綴るなど，長時間を費やして英語で書く生徒もいます。

　作成に当たっては，まず全体指導で「卒業レポート」の説明や作成上の一般的な注意を与えます。教師は担当する生徒が決まった後，個別指導に移ります。指導方法は教師により違いはありますが，次に示すのは留学体験をテーマにしたレポートを指導したときの手順です。

①個別指導の初めの面談でどのような内容や構成にするか，話し合う。
②おおまかな目次を作らせる。
③基本的には自らの体験をもとにするが，地理や歴史などに関する正確な情報を得るために参考資料，参考文献を読ませる。
④目次ごとにある程度まとまった量の英文を書くたびに提出させる。添削は読んで理解できるかどうかを基準に，グローバルエラーの訂正にとどめる。
⑤全部書き終わったら目次順に並べ，前書きや後書き，参考資料を書かせる。
⑥清書したものを最終チェックする。

　実践例の作品は AFS 交換留学生としてオーストラリアで体験したことを詳細に書き記したもので，総ページ数は B5 サイズの用紙で 324 ページです。Educational System, School Events, Visiting School, Holidays, Family Life など 16 章からなり，それぞれの項目には 3 から多いときには 10 以上の下位項目がついています。ただし，この生徒は，その時点での自分の英語力では十分に表現できないという理由で，「オーストラリアで私が見た問題―人種差別・宗教・非行・経済―」「いろいろな比較―AFS 生との討論から―」という題で 83 ページ分を日本語で書きました。第 7 章 School events から Camp の一部を，第 11 章 Additions から Aussie English の一部をそれぞれ紹介しましょう。

レポート抜粋①：Camp より

We also had "mud-fighting" then. Have you ever heard of it? At first I just imagined it might be like "snow-fighting," but it was completely different. We did it at the muddy place. We could choose whether we do it or not. Of course I decided to do it, because I was very interested in it.

Before we went there, my friends told me to wear the worst clothes, underwear, put off my contact-lenses and all jewelries, and not to use shoes to go there. I wondered why I should put off my earrings.

When I arrived at the muddy place…oh, my Goodness!!…people found me and said, "Chihiro's just come. She is still clean!" Then about eight or maybe more students (boys and girls) came to me and took me to the mud, and dropped me there, put heaps of mud over me. Of course I resisted, but there were too many students so I became a very muddy person.

It was really good fun and one of my best memories of last year, but for your information, we did it on 6th of August. See? It's winter in Australia. After we became muddy, we had to clean ourselves by soaking up in the cold river or by using a hose. It was freezing! Of course everyone used hot nice shower later, and cleaned everything.

レポート抜粋②：Aussie English より

One day my friends and I talked about Aussie English. As you know, Australian English is very different from American English and British English as it says that "Americans need three months to get used to Australian English," but it is influenced by them a lot, because Australia used to be a colony of England and now they have lots of television programs from U.S.A.

There are three types of Australians: General Australian (55%) who speak both English and Australian; Broad Australian (34%) who speak only Australian. Most of them live in the country or inland; Cultivated Australian (11%) who speak only English. Most of them live in cities or they are immigrants.

　Many Australians pronounce A [ei] as [ai]. For example, st<u>a</u>tion [tai], <u>ei</u>ght [ai], but if you speak in American English, they can understand you.

　When a person said to me, "ゴー・トゥー・ガイト・アイト," I couldn't understand for a while and found that it means "Go to Gate Eight" !! I'll tell you a joke, "How are you to<u>day</u> [dai] ?" "I don't want to die!!"

　My friends taught me Aussie English ; stuffed＝tired, dunno＝I don't know, ta＝thank you, Nigh Nigh!＝Good night!, tea＝dinner, cupper＝a cup of tea, dunny＝toilet, outback＝bush/country, G'day!＝Hello!, Barbie＝BBQ, hoi＝it means, "Give me a call." They use this word like "Gimmi a hoi.", Catch ya later mate！（キャッチャ・ライタ・マイト）＝Cop ya later mate！（コッピュ・ライタ・マイト）＝Hooroo　Love!（フールー・ラブ）＝See you later!

　1年間海外留学をしても時が経てば記憶は薄れていきますが，卒業レポートという機会があることでフレッシュな気持ちのときに詳細な記録を残すことができます。この詳細な留学体験記は，これから留学する人たちに役立ててもらえればと，AFS大阪事務所にコピーしたものをお渡ししました。

　この卒業レポートは卒業認定単位ですが，評価はつけません。ただし，優秀作品は図書館に収められ，だれでも読めるようになっています。

3　まとめ

　学習指導要領は時代の変化や社会のニーズに応えながら，何度も改訂されてきました。問題は，学習指導要領が改訂されても，時にその趣旨が十分に生かされないことです。たとえば，高校で実践的コミュニケーション能力の向上を目標にオーラル・コミュニケーションA，B，Cが設けられたときも，市販の文法教科書などを使ったオーラル・コミュニケーションG（＝Grammar）になっていると指摘されました（森住，2001）。高校受験，大学受験が英語教育の一つのゴールに事実上なっている以上，文法や読解に重点を置いた授業に傾

斜していく現実を否定はできないでしょう。知識伝達型，対面式の授業形態が悪いのではなく，それだけでは育ちにくい技能，運用力があることを忘れてはなりません。インプットは大切ですが，インプットしたものを今度はアウトプットさせていかなければ，いつまでたっても英語を実践的に使用することができないままです。

　プロジェクト学習は教科，また科目として独立して存在するものではありません。教師の熱意と工夫で，現行のカリキュラムの中で実施することが可能な学習です。しかし，教師が知識伝達型の授業に慣れていると，プロジェクト学習のような教科書，指導書のない授業に対しては，関心はあっても消極的になってしまいがちです。確かに対面式の授業では，あらかじめ準備した通りに授業を進めるので基本的に教師にとってやりやすい形だといえるでしょう。また，教師が新しい学習に意欲的であっても，生徒の方が慣れていない場合もあります。最初から本格的プロジェクトを導入しようと思わず，準備段階としてグループワークの練習やミニプロジェクトを実施してみるのもよい方法です。まずは，気軽にできる範囲のことから始めてみてはどうでしょうか。

　最後に，実践にあたって注意すべきことをまとめたいと思います。まず，プロジェクト学習では，最初にどのようなプロジェクトにするかを決めなければなりませんが，プロジェクトの種類にかかわらず，生徒の年齢やレベルにふさわしいテーマやトピックを選び，すぐに飽きてしまわないようにする配慮が必要です。また，事前に十二分に計画し，タスクを練り上げておかないと，学習ではなく単なる楽しみや息抜きになってしまったり，生徒があまり協力的でなくなったりするなどの問題が生じるという指摘（Alan & Stoller, 2005）もあります。しかし，何といっても最も大切なのは教師の関わり方です。教師はつい何もかもコントロールしてしまいがちですが，生徒のやる気を引き出し，生き生きとした授業にするためには，教師の指導と生徒の自立性の適正なバランスが必要です。

〈注〉
(1) ポートフォリオ評価とは，学習活動において生徒が作成した作品，レポート，映像などを系統立てて集め，それらを授業目標（instructional objectives）としてみなし，それらをもとに一定期間の生徒の学習過程を分析することである。
(2) 100人村教材編集委員会（2003）『ワークショップ版世界がもし100人の村だっ

たら』東京：特定非営利活動法人開発教育協会.
(3) 実際の男女の比率は男性50.9%，女性49.1%で，男性の方が多いとされている（『世界開発指標』世界銀行，2001年）。
(4) 池田香代子再話・C．ダグラス・スミス対訳（2001）『If the world were a village of 100 people 世界がもし100人の村だったら』東京：マガジンハウス．
(5) 100人村教材編集委員会（2006）『新・ワークショップ版 世界がもし100人の村だったら』東京：特定非営利活動法人開発教育協会．

終章

まとめと今後の課題

1 発信型英語教育の再確認

　本書の冒頭で，今日の学校英語教育の最重要課題は一般学力レベルに見合う英語力を学習者の間に育成することであり，そのために今学校英語教育にもっとも求められていることはアウトプット重視の教育を今以上に推進することであると捉えました。その上で，音読指導からプロジェクト学習まで，幅広い範囲でアウトプット重視の英語教育を具体例を交えながら考えてきました。特に後半部では高等学校での実践例への言及が多かったと思いますが，本書で紹介させて頂いた指導法は，基本的には中学レベルでも実施可能な方法です。もちろん，執筆者個人の力量不足から議論が中途半端に終わってしまった部分もあるかもしれません。特に，アウトプット重視の指導では欠かすことのできないディベートに関しては，ミニディベートという形でのみしか扱っていません。そもそもディベートは一つの章で扱うにはテーマが大きすぎることと，すでに指導書の類が多く出版されていることを考慮に入れ，本書ではディベートそのものを正面から扱うことは避けました。その点は本書の弱点といえるかもしれません。ただ，ミニディベートで扱われている内容そのものは十分正規のディベートでも利用可能だと思います。

　当然のことながら，アウトプット重視だけで現在の学校英語教育が抱える課題，つまり一般学力に見合う英語力の育成という課題を解決できるとはわれわれは思っていません。カリキュラム，教材，評価法，動機づけなど，まだまだ検討すべき点はたくさん残されていると思います。加えて，インプット，インテイクの問題も大切です。アウトプット重視の指導は豊富なインプット・インテイクの上に構築されるべきものであると考えます。だからといって，学校英

語教育はインプット・インテイクの保障に専念すべきとはいえません。日本を取り巻く学習環境や教室の現状を考えれば，実際問題として過度に思えるほどアウトプットを重視してもよいのではと考えられます。とにかく，アウトプットの絶対量が今の段階では不足しているとしかいいようがありません。折しも，新学習指導要領が告示されました。小学校では平成23年度から，中学校は平成24年度から実施に移されることになっていますが，中教審の教育課程部会での審議の過程で示された「改善の基本方針」の中では次のように発信力育成の重要性が謳われています[1]。

> 社会や経済のグローバル化の急速な進展に伴い，単に受信した外国語を理解することにとどまらず，コミュニケーションの中で自らの考えなどを相手に伝えるための「発信力」の育成がより重要となっている。

新学習指導要領（外国語）そのものの中には「発信力」という用語は使われていませんが，その精神は至る所に確認できます。

アウトプットを重視する一番の目的はもちろん学習者の英語力を高めるためですが，その前にアウトプット重視の英語教育は学習者の英語および英語学習に対する姿勢をポジティブにすることにつながると思います。新学習指導要領の目標の中でも謳われている「積極的にコミュニケーションを図ろうとする態度」の育成には欠かせない要素です。インプットだけではこのポジティブな姿勢は育ちにくいと思われます。よく日本の外交政策を特徴づけるのは3Sだといわれます。smile, sleep, silenceの3Sです。国際化が急速に進展し，相互依存関係がこれまで以上に高まりつつある21世紀において，もはやこの3Sは通用しません。日本政府も自らの立場を積極的に発信していく努力が求められています。そのためにも，まず，個人レベルで発信力を強化すること，しかも実質的に地球語化している英語（Crystal, 2003）での発信力を強化していくことが急務だと思われます。好むと好まざるとにかかわらず，英語を媒介とした国際化・情報化が急速に進展している今日，発信型英語教育の必要性を再確認したいと思います。

2　指導と評価の一体化

　本書では，音読からプロジェクト学習に至るまで広範なアウトプット指導を取り扱ってきましたが，重要な要素が一つ欠けています。アウトプットの評価の問題です。当初は，評価も視野に入れて本書の執筆を考えていましたが，分量の関係で今回は評価を正面切って扱うことは避けることにしました。ディベートを詳しく扱っていない点と合わせて，本書の弱点になるかと思います。ただ，幸い，アウトプットの評価に関しては，最近急速に関心が高まりつつあり，優れた研究（Luoma, 2003；今井・吉田，2007など）も発刊されています。詳しくは，ぜひそれらの先行研究を参考にしてください。

　ここでは，評価の関連で以下の点を押えておきたいと思います。スピーキングのような発表技能に限らず，評価の対象となっていない技能・スキルはいくらそれらの指導に時間をかけても，さほどの成果は期待できないということです。第1章で日本の英語学習者のTOEFL（iBT）での成績がアジアで最下位に低迷している事実に言及しました。最近のTOEFLは四技能を対象としており（skill-oriented），英語の知識ではなく，その知識を使ってのスキルの優劣が評価の対象になっています。しかし，今日の学校英語教育においてはそのスキルの評価，特に発表技能の評価は，あまり本格的に行われていません。たとえば，中学や高校の中間試験や期末試験で出される英語の問題は，英語スキルの習熟度を測るというよりは，習ったことの定着度を測る到達度テストとなっています。しかも基本的には，授業で扱ったレッスンが対象となっています。よって，すでに精読で理解した教材をもとに問題が作成されることになります。いくらスキルの評価であると謳っても，復習教材を使っての評価は，本当の意味でのスキル評価にはなっていません。

　スキルを測るためには，やはり未習の教材を使用した応用問題・実力問題を基本とするのが理想です。極論すれば，中間テストや期末テストの英語の試験はすべて辞書持ち込み可の実力テストにしてもよいかもしれません。入学試験にせよ，英語検定試験にせよ，TOEFLやTOEICの試験にしろ，すべて未習の応用問題からなる実力テストだからです。ただ，教育現場の実情を考えたり，英語に困難を感じている学習者のことを考えるならば，そうもいかない面が多々あると思います。でも，定期試験での英語のテストにはなるべく多くの

応用問題を加味していきたいものです。

　そもそも英語スキルの向上を謳う以上は，英語学習の評価においては，未習の教材を使って授業で指導されたスキルをいかにうまく利用できるかを評価していくのが本筋だと考えます。習ったことをきちんと覚えているかどうかの評価では，勢い暗記学習になってしまいます。もちろん，暗記学習の中で自力で英語の規則性に気づく学習者もいると思いますが，暗記学習では応用力が育ちません。日々の授業がコミュニケーション・スキルの学習にフォーカスが当てられているのであれば，当然，試験においてもコミュニケーション・スキルの使用に焦点が当てられるべきです。つまり，指導と評価の一体化が実現されるべきです。

　指導要録が改訂されて以来，この指導と評価の一体化が強く叫ばれるようになってきました。しかしながら，そのコンテクストの中で唱道されている指導と評価の一体化とは，概ね指導を評価に合わせるという形を取る場合が多いようです。まず，評価すべき点（評価規準と評価基準）を決めて，その基準に合致させるべく，日々の指導を展開していく。毎時間の授業の最初にその日の授業で達成すべき目標を提示し，その目標が達成できるように授業を行う，かつその目標に照らし合わせて評価を行うことが唱道されています。おそらく多くの教育現場でこの手法が採用されていると思います。考えるに，この方法は短期的な目標の達成のためには効果的だと思われます。つまり，コンピュータ操作の学習のように，ある程度マニュアル化されたスキル指導というコンテクストの中では有効かもしれません。残念ながら，英語のように複雑な体系を包摂することばの指導にこの短期目標達成型の指導法がすべて適用できるとは思えません。英語の学習には，1時間の学習ではなく，長期にわたる学習の中で達成を求められる目標もあります。その目標の達成度を定期試験で確認していくと同時に，その試験でもって目標達成にむけての動機づけを図るというスタンスも大切ではないでしょうか。

　要するに，指導を評価に合わせる一体化ではなく，評価を指導に合わせる一体化を目指すべきだと思います。リーディング力の育成が指導の基軸になっている場合には，授業中および定期試験等で実施される評価においては，授業で指導されたリーディングスキルの活用が求められるような評価や出題が必要になってきます。従来は，得てして順位をつけるためだけの評価であったと思い

ます。その典型は大学入学試験です。受験生の学力差がいかに顕在化されるかが，問題の善し悪しを決定していた面もあります。

　最近は，指導のみならず評価においても communicative であることが求められるようになってきました。現場での通常評価はもちろんのこと，高校入試問題や大学入試問題もその方向で評価の方法が改良されつつあります。その場合，一番の課題となるのはスピーキングの評価をどう盛り込むかです。評価の善し悪しを決めるのは，妥当性・信頼性・現実性です。妥当性と信頼性を備えたスピーキングの評価は，昨今のアウトプット志向のなかでかなりの進展が見られます。しかし，学校教育現場での現実性つまり実施可能性を高い割合で備えたスピーキング評価は，残念ながら，今も発展途上といったところです。その結果として，高校入試や大学入試でスピーキング能力が問われることはほとんどありません。日本人が英語を話せないのは，もちろん指導方法も影響しているとは思いますが，やはり指導の過程や出口でほとんど評価が行われていないことが一番の理由になっていると思います。もちろん，読者の中にはスピーキングの評価を定期的に実施されている方もいらっしゃると思います。しかし，全体的にはやはり少数派です。

　アウトプットを重視する以上は，そのアウトプットをきちんと評価する手だてを考えていく必要があります。しかし，あまり学問的に迫ると，つまり妥当性や信頼性を高度に追求していけば，実際の教育現場では実施できないというジレンマが生じてきます。そのジレンマを解消するためには，ある程度妥当性や信頼性を犠牲にしながら，現実性を高めたスピーキングの評価法を開発していくことが今強く求められています。つまり，持続可能（sustainable）なアウトプットの評価が求められています。スピーキングの評価であれば，学習の出口のみならず，学習過程の中で定期的に評価できる方法の確立が望まれます。学問的整合性を高度に追求するよりは，まずはどんな方法でも結構ですから，とにもかくにもスピーキングの評価から逃れられないという学習環境を教育現場に構築していくことが肝要です。アウトプットを重視し，アウトプット能力の育成を期す以上は，その評価を積極的に取り入れていくことが必要です。しかも，評価を考えることで指導の課題も見えてきます。本書で紹介させて頂いた指導法の多くは，実は少し工夫すれば評価の方法としても利用可能です。創造的音読や創造的 Q&A など，そのままスピーキングの評価として利用できま

す。ここまで通読されてきた読者の方々には、ぜひ、今度は評価の視点から本書で取り上げられているアウトプット増大法をご検討頂ければ幸いです。

3 アクション・リサーチの推進

　アウトプット重視の指導もアウトプットに焦点化した評価も、必ずしも軌道に乗っているとは言い難い状況にあります。一つには、アウトプット重視の有効性が必ずしも SLA 研究者の間で共有されていないという事情も働いていると思われます。つまり、経験的には効果があると分かっていても、学問的には疑問視する見解もあります（Krashen, 1982）。有効性が認められても対象（言語、学習者、環境等）が限定されている場合もあります。まだまだ、数多くの実証的研究が積み重ねられていく必要性があります。このあたりの情勢については、Muranoi（2007）がとても参考になります。

　本書で紹介された手法のほとんどは実際の教室で実施された、また実施される可能性が高いものばかりですが、実施された環境はある特定の学習環境に限定されています。必ずしも一般化はできません。その意味でも現場教師によるアクション・リサーチ（佐野, 2000）は必須です。本書で紹介された手法の有効性をさまざまな環境で検証していくことが必要です。現場教師は研究者が提唱した理論の消費者ではありません。今一度 teacher as researcher（Brown, 1977）つまり教師自身が研究者という認識に立つことが必要だと思います。日々の実践の中で自分が採用している方法がどの程度有効なのか、地道に確認していくことが必要です。本書で紹介されている手法がどの程度他の学習環境においても通用するのか、われわれ本書の執筆者も含めて、現場の先生方一人ひとりによる臨床的な検証が求められています。

　ただ、アクション・リサーチそれ自体が目的化しては困ります。あくまでその目的は、学習者の英語力を高揚させることにあります。加えて、自身の指導法を改善していくための手段であるべきであり、本書がそのきっかけを作れれば、これほど光栄なことはありません。読者の方々からの率直なフィードバックをお待ちしています。ぜひ、一般学力に見合う英語力の育成という課題にむけての営みを、読者の方々と共有しながら地道に続けていきたいと思っています。

〈注〉
(1) 平成 19 年 9 月 25 日中央教育審議会初等中等教育分科会教育課程部会配布資料より抜粋。

参考文献
(注に示してあるものは掲載されていません)

Alan, B. & Stoller, F. L. (2005). Maximizing the benefits of project work in foreign language classrooms. *English Teaching Forum*, 43(4), 10-21.

Almeida d'Eça, T. (2003). The use of chat in EFL/ESL. *TESL-EJ*, 7 (1). Retrieved May 4, 2008, from http://tesl-ej.org/ej 25/int.html.

Anderson, J. R. (2000). *Cognitive psychology and its implications* (5th ed.). New York: Worth Pub.

Blumenfeld. P.C, Soloway, E., Marx, R.W., Krajcik, J.S., Guzdial, M. & Palincsar, A. (1991). Motivating project-based learning: Sustaining the doing, supporting the learning. *Educational Psychologist*, 26(3&4), 369-398.

Brooks, N. (1960). *Language and language learning: Theory and practice*. New York: Harcourt, Brace and World.

Brown, H. D. (1977). The English teacher as researcher. *English Language Teaching Journal*, 31(4), 274-279.

Brown, H. D. (2001). *Teaching by principles: An interactive approach to language pedagogy* (2nd ed.). London: Longman.

Carrell, P. L. (1988). Interactive text processing: Implications for ESL/second language reading classrooms. In P. L. Carell, J. Devine & D. Eskey (Eds.), *Interactive approaches to second language reading* (pp.239-259). Cambridge: Cambridge University Press.

Crystal, D. (2003). *English as a global language* (2nd ed.). Cambridge: Cambridge University Press.

Dewey, J. (1900). *The school and society*. Chicago: The University of Chicago Press.

Doughty, C. & Williams, J. (1998). *Focus on form in classroom second language acquisition*. Cambridge: Cambridge University Press.

Ellington, G. (1995). *Writing through the skills*. Tokyo: Macmillan Languagehouse.

Ellis, R. (1994). *The study of second language acquisition*. Oxford: Oxford University Press.

Ellis, R. (2005). Principles of instructed language learning. *System*, 33, 209-224.

Eyring, J. L. (2001). Experiential and negotiated language learning. In M. Celce-Murcia (Ed.), *Teaching English as a second or foreign language* (3rd ed.) (pp.333-344). Boston: Heinle & Heinle.

Fotos, S. (2002). Structure-based interactive tasks for the EFL grammar learner. In E. Hinkel & S. Fotos (Eds.), *New perspectives on grammar teaching in second language classrooms* (pp.135–154). Mahwah, NJ : Lawrence Erlbaum.

Freedman, A., Pringle, I. & Yalden, J. (Eds.) (1983). *Learning to write : First language/second language*. London : Longman.

Freire, P. (1970). *Pedagogy of the oppressed*. New York : Continuum.

Fries, C. C. (1945). *Teaching and learning English as a foreign language.* Ann Arbor : The University of Michigan Press.

Goodman, K. S. (1967). Reading : A psycholinguistic guessing game. *Journal of the Reading Specialist*, 6, 126–135.

Grabe, W. (1988). Reassessing the term "interactive". In P. L. Carell, J. Devine & D. Eskey (Eds.), *Interactive approaches to second language reading* (pp.56–70). Cambridge : Cambridge University Press.

Gurrey, P. (1955). *Teaching English as a foreign language*. London : Longman.

Harmer, J. (2001). *The practice of English language teaching* (3rd ed.). London : Longman.

Harrington, D. & LeBeau, C. (2000). *Speaking of speech*. Tokyo : Macmillan Languagehouse.

Howatt, A. & Dakin, J. (1974). Language laboratory materials. In J. Allen & S. Corder (Eds.), *Techniques in applied linguistics* (pp.93–121). London : Oxford University Press.

Ibrahim, S. (1979). Advanced reading : Teaching patterns of writing in the social sciences. In R. Mackey, B. Barkman & R. Jordan (Eds.), *Reading in a second language : Hypotheses, organization, and practice* (pp.187–198). Rowley, MA : Newbury House.

Ito, H. (1992). A qualitative and quantitative inquiry into the relationship between input and output in textbook-mediated English language learning at junior high school. *Annual Review of English Language Education in Japan*, 3, 11–20.

Ito, H., Sugimoto, H., Hiraoka, Y. & Morita, T. (1994). An analysis of variability in acquisition of basic sentence structures among Japanese EFL beginners. *Annual Review of English Language Education in Japan*, 5, 1–10.

Johnson, K. (1982). *Communicative syllabus design and methodology*. Oxford : Pergamon.

Kang, S. (2004). Using visual organizers to enhance EFL instruction. *English Language Teaching Journal*, 58(1), 58–67.

Krashen, S. D. (1982). *Principles and practice in second language acquisition*. Oxford : Pergamon.

Krashen, S. D. (1985). *The input hypothesis : Issues and implications*. London : Longman.

Lee, I. (2002). Project work made easy in the English classroom. *The Canadian Modern Language Review*, 59 (2), 282-290.

Levine, G. S. (2004). Global simulation : A student-centered, task-based format for intermediate foreign language courses. *Foreign Language Annals*, 37 (1), 26-36.

Long, M. & Sato, C. (1983). Classroom foreigner talk discourse : Forms and functions of teachers' questions. In H. Seliger & M. Long (Eds.), *Classroom oriented research in second language acquisition* (pp.268-286). Rowley, MA : Newbury House.

Luoma, S. (2003). *Assessing speaking*. Cambridge : Cambridge University Press.

Mandel, S. (1993). *Effective presentation skills*. Menlo Park, CA : Crisp Publications.

Mehan, H. (1979). *Learning lessons : Social organization in the classroom*. Cambridge, MA : Harvard University Press.

Miller, J. P. (1988). *The holistic curriculum*. Toronto : OISE Press.

Miyasako, N. & Takatsuka, S. (2004). What relationships do the efficiencies of phonological coding and lexical access have with reading comprehension for Japanese learners of English? *Annual Review of English Language Education in Japan*, 15, 159-168.

Muranoi, H. (2007). Output practice in the L 2 classroom. In R. M. DeKeyser (Ed.), *Practice in a second language : Perspectives from applied linguistics and cognitive psychology* (pp.51-84). Cambridge : Cambridge University Press.

Nishihara, M. & Ito, H. (2008). An empirical research on the relation between sentence pattern acquisition and learning strategies among Japanese EFL learners : A search for pedagogical grammar appropriate for junior high school students. *Annual Review of English Language Education in Japan*, 19, 111-120.

Nishijima, T. (1997). *The effective use of sentence patterns for EFL learning*. Unpublished M.A. thesis, Naruto University of Education.

Onions, C. T. (1971). *Modern English syntax* (Revised version of *An advanced English syntax*, 1904). London : Routledge & Kegan Paul.

Paulston, C. B. (1972). Teaching writing in the ESOL classroom : Techniques of controlled writing. *TESOL Quarterly*, 6 (1), 33-59.

Quirk, R., Greenbaum, S., Leech, G. & Svartvik, J. (1985). *A comprehensive grammar of the English language*. London : Longman.

Raimes, A. (1983). *Techniques in teaching writing*. New York : Oxford University Press.

Rivers, W. (1972). *Speaking in many tongues : Essays in foreign language teaching*. Rowley, MA : Newbury House.

Stoller, F. L. (1997). Project work : A means to promote language content. *English Teaching Forum*, 35(4), 2−9.

Swain, M. (1974). French immersion programs across Canada : Research findings. *The Canadian Modern Language Review*, 31, 117−129.

Swain, M. (1985). Communicative competence : Some roles of comprehensible input and comprehensible output in its development. In S. Gass & C. Madden (Eds.), *Input in second language acquisition* (pp.235−253). Rowley, MA : Newbury House.

Swain, M. (1995). Three functions of output in second language learning. In G. Cook & B. Seidlhofer (Eds.), *Principle and practice in applied linguistics : Studies in honour of H. G. Widdowson* (pp.125−144). Oxford : Oxford University Press.

Swain, M. (2000). The output hypothesis and beyond : Mediating acquisition through collaborative dialogue. In J. Lantolf (Ed.), *Sociocultural theory and second language learning* (pp. 97−114). Oxford : Oxford University Press.

Tollefson, J. (1989). A system for improving teachers' questions. *English Teaching Forum*, 27(1), 6−8.

Tsuchiya, N. & Matsuhata, K. (2002). Relationships of L 2 listening ability to oral reading rate and comprehension. *Annual Review of English Language Education in Japan*, 13, 41−50.

Ustunluoglu, E. (2004). Language teaching through critical thinking and self-awareness. *English Teaching Forum*, 42(3), 2−7.

Watson, J. B. (1970). *Behaviorism*. New York : The Norton Library.

West, M. (1941). *Learning to read a foreign language*. London : Longmans.

Yambe, T. (Ed.) (1970). *Applied linguistics and the teaching of English*. Tokyo : ELEC.

Zaher, A. (1987). Active reading : From answering to asking questions. *English Teaching Forum*, 25(3), 36−37.

Zamel, V. (1982). Writing : The process of discovering meaning. *TESOL Quarterly*,

16(2), 195-209.
荒木博之（1994）『日本語が見えると英語も見える』東京：中央公論新社.
伊東治己（1989 a）「教材から発問を考える」築道和明（編）『英語授業を演出する』（pp.29-45）東京：明治図書.
伊東治己（1989 b）「「使うために学ぶ」から「使いながら学ぶ」方向へ」『エデュカーレ』（第一学習社）No.3, 6-8.
伊東治己（1997）『カナダのバイリンガル教育』広島：渓水社.
伊東治己（編著）（1999）『コミュニケーションのための4技能の指導―教科書の創造的な活用法を考える―』東京：教育出版.
伊東治己（2000）「新学習指導要領とこれからの英語教育の方向性」『奈良教育大学教育研究所紀要』第36号, 11-21.
伊東治己・川村亜紀・島田良子・西原美幸・舩戸詩織（2007）「大学進学予定者を対象とした英語能力試験の国際比較―日本の大学入試センター試験とフィンランドのMatriculation Examinationを対象に―」『四国英語教育学会紀要』第27号, 11-26.
井上和子（編）（1989）『日本文法小辞典』東京：大修館書店.
今井裕之・吉田達弘（編著）（2007）『HOPE 中高生のための英語スピーキングテスト』東京：教育出版.
ヴィゴツキー, L. S.（柴田義松訳）（1934, 1962）『思考と言語（下）』東京：明治図書.
上田　学（1999）「生徒がいきいきと取り組むライティング指導」伊東治己（編著）『コミュニケーションのための4技能の指導―教科書の創造的な活用法を考える―』（pp.135-152）東京：教育出版.
臼井芳子（1999）『英会話ミニミニ・トーク入門』東京：アルク.
旺文社（編）（2007）『2007年度版英検準2級全問題集』東京：旺文社.
大村喜吉・高梨健吉・出来成訓（編）（1980）『英語教育課程の変遷』（英語教育史資料）東京：東京法令出版.
岡　秀夫・赤池秀代・酒井志延（2004）『英語教員研修プログラム対応「英語授業力」強化マニュアル』東京：大修館書店.
垣田直巳（編）（1981）『英語科重要用語300の基礎知識』東京：明治図書.
垣田直巳（監）沖原勝昭（編）（1985）『英語のライティング』東京：大修館書店.
片山嘉雄・遠藤栄一・佐々木昭・松村幹男（編）（1994）『新・英語科教育の研究〈改訂版〉』東京：大修館書店.
門田修平（2007）『シャドーイングと音読の科学』東京：コスモピア.
國広正雄（1970）『英語の話し方』東京：サイマル出版会.

語学教育研究所（編著）（1988）『英語指導技術再検討』東京：大修館書店．
小室俊明（編）（2001）『英語ライティング論―書く能力と指導を科学する―』東京：河源社．
佐藤啓子（編著）（2001）『プレゼンテーション―言語表現能力の開発―』京都：嵯峨野書院．
佐野正之（2000）『アクション・リサーチのすすめ』東京：大修館書店．
佐野正之・水落一朗・鈴木龍一（1995）『異文化理解のストラテジー』東京：大修館書店．
塩澤利雄・伊部　哲・園城寺信一・小泉　仁（2004）『新英語科教育の展開〈新訂版〉』東京：英潮社．
白畑知彦・冨田祐一・村野井仁・若林茂則（1999）『英語教育用語辞典』東京：大修館書店．
戦後教育改革資料研究会（編）（1980）『文部省学習指導要領19 外国語科編（1）』東京：日本図書センター．
髙塚成信（2003）「新課程時評―スピーキング力をつける指導とは―」『英コミ通信』（ベネッセコーポレーション）Vol. 6, 2.
髙梨庸雄・卯城祐司（編）（2000）『英語リーディング事典』東京：研究社出版．
田崎清忠（編）（1995）『現代英語教授法総覧』東京：大修館書店．
玉井　健（2005）『リスニング指導法としてのシャドーイングの効果に関する研究』東京：風間書房．
土屋澄男（2004）『英語コミュニケーションの基礎を作る音読指導』東京：研究社出版．
土屋澄男・堤　昌生・広野威志（1981）『中学校英語科教育法』東京：図書文化社．
土屋澄男・広野威志（2000）『新英語科教育法入門』東京：研究社出版．
中嶋洋一（1997）『英語のディベート授業・30の技』東京：明治図書．
西嶌俊彦（2003）「リーディングと文法指導」太田垣正義（編著）『コミュニカティブな文法指導―理論と実践―』（pp.3-18）東京：開文社出版．
西村和男（編）（2001a）『ゆとりを奪った「ゆとり教育」』東京：日本経済新聞社．
西村和男（編）（2001b）『学力低下が国を滅ぼす』東京：日本経済新聞社．
橋本満弘・石井敏（1993）『英語コミュニケーションの理論と実際』東京：桐原書店．
福井　有（1994）『コミュニケーションの文化と技術』東京：エピック．
細江逸記（1971）『英文法汎論〈改訂新版〉』東京：篠崎書林．
三上　章（1969）『象は鼻が長い〈改訂増補版〉』東京：くろしお出版．
森住　衛（2001）「英語教育の根本を考える―時代を乗り越える不変なものは何か

―」横川博一(編)『現代英語教育の言語文化学的諸相』(pp.2-15) 東京:三省堂.
文部省 (1999 a)『高等学校学習指導要領解説』東京:開隆堂出版.
文部省 (1999 b)『高等学校学習指導要領解説外国語編英語編』東京:開隆堂出版.
文部科学省 (2003)『「英語が使える日本人」の育成のための英語教員研修ガイドブック』東京:開隆堂出版.
文部科学省 (2007)「『英語が使える日本人』の育成のための行動計画進捗状況報告概要資料」『英語が使える日本人』の育成のためのフォーラム 2007.
安井 稔 (1996)『英文法総覧〈改訂版〉』東京:開拓社.
山西優二(2002)「参加型学習」開発教育協議会(編)『開発教育キーワード 51』(pp.102-103) 東京:開発教育協議会.
山家保先生記念論集刊行委員会 (編) (2005)『あえて問う英語教育の原点とは』東京:開拓社.

著者一覧

編著者（生年月日，最終学歴，現職名，主要著書，担当箇所）
伊東治己（いとうはるみ），昭和26年3月7日生，昭和49年北アイオワ大学大学院修士課程修了，昭和51年広島大学大学院博士課程前期修了，昭和58年レディング大学大学院修士課程修了，教育学博士（広島大学，平成17年），鳴門教育大学大学院教授，『コミュニケーションのための4技能の指導』（教育出版，1999年），『カナダのバイリンガル教育』（渓水社，1997年），編集及び第1~4章と終章担当

著者（生年月日，最終学歴，現職名，担当箇所）
岩﨑幸子（いわさきさちこ），昭和24年1月27日生，平成8年奈良教育大学大学院修士課程修了・平成17年関西学院大学大学院博士課程前期修了，前帝塚山学院中学校・高等学校教諭・京田辺シュタイナー学校非常勤講師，第7・12章担当

河合良樹（かわいなおき），昭和36年11月6日生，昭和59年奈良教育大学卒業，岸和田市立産業高等学校定時制教頭，第10・11章担当

西嶌俊彦（にしじまとしひこ），昭和34年7月20日生，平成9年鳴門教育大学大学院修士課程修了，大阪府立鳳高等学校教諭，第5章担当

松井　正（まついただし），昭和33年12月5日生，平成13年奈良教育大学大学院修士課程修了，樟蔭中学校・高等学校教諭，第6・8章担当

米崎　里（よねざきみち），昭和46年6月7日生，平成8年奈良教育大学大学院修士課程修了，帝塚山中学校・高等学校教諭，第9・12章担当

アウトプット重視の英語授業

2008 年 11 月 28 日　初版第 1 刷発行
2012 年 2 月 8 日　初版第 3 刷発行

　　　　　　編著者　伊　東　治　己
　　　　　　発行者　小　林　一　光
　　　　　　発行所　教育出版株式会社
　　　　　〒101-0051　東京都千代田区神田神保町 2-10
　　　　　　TEL 03（3238）6965　振替 00190-1-107340

Ⓒ H. Ito 2008　　　　　　　　　組版・印刷　藤原印刷
Printed in Japan　　　　　　　　製　　本　上島製本
落丁・乱丁はお取替えいたします

ISBN 978-4-316-80269-5　C3037